大党独有难题的破解之道

陈远章　韩庆祥◎著

红旗出版社

图书在版编目（CIP）数据

大党独有难题的破解之道 / 陈远章, 韩庆祥著. --
北京：红旗出版社, 2024.3
ISBN 978-7-5051-5401-8

Ⅰ. ①大… Ⅱ. ①陈… ②韩… Ⅲ. ①中国共产党 -
党的建设 - 研究 Ⅳ. ①D26

中国国家版本馆CIP数据核字（2024）第060176号

书　　　名	大党独有难题的破解之道		
著　　　者	陈远章　韩庆祥		
责任编辑	赵　洁　刘云霞	责任校对	吕丹妮
责任印务	金　硕	封面设计	张合涛
出版发行	红旗出版社		
地　　址	北京市沙滩北街 2 号	邮政编码	100727
	杭州市体育场路 178 号	邮政编码	310039
编辑部	0571-85310198	发 行 部	0571-85311330
E-mail	498416431@qq.com		
法律顾问	北京盈科（杭州）律师事务所　钱　航 董　晓		
图文排版	北京时代华语国际传媒股份有限公司		
印　　刷	唐山富达印务有限公司		
开　　本	690 毫米 ×980 毫米	1/16	
字　　数	205 千字	印　　张	15.5
版　　次	2024 年 3 月第 1 版	印　　次	2024 年 3 月第 1 次印刷
ISBN	978-7-5051-5401-8	定　　价	68.00 元

前　言

习近平总书记在党的二十大报告中提出了"大党独有难题"的原创性概念，紧接着在党的二十届中央纪委二次全会上阐明了"六个如何始终"的"独有难题"，指出"解决这些难题，是实现新时代新征程党的使命任务必须迈过的一道坎，是全面从严治党适应新形势新要求必须啃下的硬骨头"；在党的二十届中央纪委三次全会上提出，深入推进党的自我革命，要以解决"大党独有难题"为主攻方向。这一系列论述是以习近平同志为核心的党中央对党所处历史方位、面临形势任务、党情发展变化作出的重大论断，对建设什么样的长期执政的马克思主义政党、怎样建设长期执政的马克思主义政党进行的科学回答，充分彰显新时代中国共产党人的深沉忧患意识、高度历史自觉和强烈使命担当。

一、提出"大党独有难题"原创性概念，为读懂中国共产党提供新视角，为推进新时代党的建设新的伟大工程作出原创性贡献

知所从来，思所将往，方明所去。读懂中国，必须读懂中国共产党；读懂中国共产党，必须读懂"大党独有难题"。"大党独有难题"是习近平总书记提出的原创性概念，是了解中国共产党"是什么、要干什么"这一根本问题的金钥匙，同时也为推进新时代党的建设新的

伟大工程作出了原创性贡献。

"大党"的视角。经过100多年发展，中国共产党已经发展壮大为拥有9804.1万名党员、506.5万个基层党组织的世界上第一大执政党。这是一支理想远大、使命崇高、纪律严明、素质优良、规模巨大的史无前例的超级部队，其人数已经远超世界其他政党的党员人数，也超过世界绝大部分国家的人口数。我们党是世界上最大的政党，大就要有大的样子，同时大也有大的难处。其中"最大的政党"是指党的体量或组织体系，"大的样子"则是指党的格局之大、使命之大、担当之大、本领之大，"大的难处"则是指"大的样子"伴随的风险和难题。这是世界上任何其他政党都不具有的强大优势和显著特点。"大的样子"要有大的眼光和大的要求。要倍加珍惜世界上最大的政党这一发展不易的局面，竭力维护世界上最大的政党这一举世瞩目的形象，敢于承受"大党之重"，勇于正视"大党之难"，矢志不渝地推进新时代党的建设新的伟大工程，不断为中国人民谋幸福、为中华民族谋复兴，也为人类谋进步、为世界谋大同。唯其如此，才能不负时代、不负人民、不负世界上最大的马克思主义执政党的荣光。

"独有"的视角。无产阶级要在决定关头强大到足以取得胜利，就必须组成一个不同于其他政党的特殊政党。中国共产党就是这样一个地地道道的"特殊政党"。在目前林林总总6000多个政党中，中国共产党是唯一连续执政超过70年的百年大党，面临大国执政、一党执政、长期执政和全球化时代执政的多重考验。与那些小党、年轻政党、非马克思主义政党比，无论是政治品格、理想情怀、革命精神，还是组织规模、政治优势、能力本领，都是罕有其匹的，无疑称得上世界独一无二的伟大政党。这种"独一无二"既包括独特优势，又包含独有难题。更重要的是，新时代党统揽"四个伟大"，其面临的形势环境变化之快、改革发展稳定任务之重、矛盾风险挑战之多前所未有，凸显了大党难题的独特性。这就决定解决大党独有难题没有现成答案可用，也没有可以奉为金科玉律的教科书，更不存在可以颐指气使的教师爷。唯一出路就是心无旁骛地走好自己独特的管党治党建党之路。

"难题"的视角。"大党独有难题"这一原创性概念的落脚点是"难题"。"难题"是读懂中国共产党的关键词。中国共产党与难题有天生的不解之缘。中国共产党人干革命、搞建设、抓改革，从来都是为了解决中国的现实问题。可以说，中国共产党就是因难而生、迎难而上、破难而兴的伟大政党。从新民主主义革命时期、社会主义革命和建设时期，到改革开放和社会主义现代化建设新时期、中国特色社会主义新时代，中国共产党带领和依靠人民迈过了一道又一道坎、啃下了一块又一块硬骨头、取得了一个又一个胜利，从而成为民族脊梁、时代先锋和领导核心。这些难题中，既有与生俱来的先天性、内源性难题，又有事业发展带来的后天性、外源性难题，不少难题是史所罕见、世所罕见，但我们党从来都是与难共舞、知难而进，领导人民把一个个难题变为优势和奇迹。这与那些热衷党争、回避社会难题的西方政党做派截然不同。从这个意义上讲，是无数难题成就了中国共产党的辉煌和伟大。踏上新时代新征程，我们党要时刻保持解决大党独有难题的清醒和坚定，发扬"不信邪、不怕鬼、不怕压"精神，激发"明知山有虎，偏向虎山行"的勇气，全力战胜前进道路上各种困难和挑战，依靠顽强斗争打开事业发展新天地。

二、"六个如何始终"既是"大党独有难题"的主要表现，又是破解"大党独有难题"的努力方向

习近平总书记在二十届中央纪委二次全会重要讲话中提出"六个如何始终"，从六个维度对"大党独有难题"作了深入系统的阐释，具有很强的政治性、指导性、针对性，为破解"大党独有难题"指明了正确方向。

第一，如何始终不忘初心、牢记使命。这是从初心使命的维度来阐明"大党独有难题"。党的初心使命是党的性质宗旨、理想信念、奋斗目标的集中体现。从党的二十大报告"三个务必"中"第一个务必"，到二十届中央纪委二次全会重要讲话"六个如何始终"中第一个"如何始终"，初心使命都无可替代。不忘初心、牢记使命是关乎百年大党能不能永葆先进性和纯洁性的根本问题和现实难题。只有时刻牢记"不忘初心，方得始终"的古训，把不忘初心、牢记使命作为加强党的建设的永恒课题和党员干部的终身课题常抓不懈、落细落实，才能确保党不变质、不变色、不变味。

第二，如何始终统一思想、统一意志、统一行动。这是从团结统一的维度来阐明"大党独有难题"。团结统一是马克思主义政党的生命和百年大党的成功经验，也是党和人民前途命运所系、全国各族人民根本利益所在，任何时候任何情况下都不能含糊、不能动摇。随着党员总量和党组织数量的大幅增长以及社会发展的多样化，不同阶层、不同领域、不同文化、不同年龄、不同地区的党员思想认识的差异性也在增长，利益诉求的矛盾也在增加，维护党的团结统一是党的建设面临的现实难题。只有深刻领悟"两个确立"的决定性意义，增强"四个意识"、坚定"四个自信"、做到"两个维护"，才能确保风

雨来袭时有主心骨、全党步调一致向前进，凝聚起为全面推进中华民族伟大复兴而团结奋斗的磅礴力量。

第三，如何始终具备强大的执政能力和领导水平。这是从能力水平的维度来阐明"大党独有难题"。中国特色社会主义最本质的特征是中国共产党领导。全面建设社会主义现代化国家、全面推进中华民族伟大复兴，关键在党。党的执政能力和领导水平关乎中国特色社会主义的前途和命运，关乎国家和民族的兴衰。必须全面推进党的建设，推动党员干部增强各种工作本领，做到政治过硬和本领高强，不断提高党科学执政、民主执政、依法执政水平，确保党始终总揽全局、协调各方、领导一切，引领和保障中国号巨轮乘风破浪、行稳致远。

第四，如何始终保持干事创业精神状态。这是从精神状态的维度来阐明"大党独有难题"。中国共产党是公认的功成名就的百年大党，要保持创业初期那种励精图治的精神状态，保持长期执政条件下全党奋斗向上的精神状态，殊为不易。我们要居安思危，对党的历史上走过的弯路、经历的曲折不能健忘失忆，对中外政治史上那些安于现状、死于安乐的深刻教训不能健忘失忆，对自身存在的问题不能反应迟钝，处理动作慢腾腾、软绵绵，最终人亡政息！要弘扬伟大建党精神，经受"四大考验"，化解"四大危险"，激励干部增强干事创业的精气神，确保党的基业长青。

第五，如何始终能够及时发现和解决自身存在的问题。这是从纠正机制的维度来阐明"大党独有难题"。回想世界上那些失败的大党老党，其失败的重要原因就是对自身存在的问题和面临的挑战缺乏清醒认识，没有及时反省和纠正，最终变得疾病缠身，甚至不可救药。我们党历经百年沧桑更加充满活力，始终得到人民拥护和支持，其奥秘就在于始终坚持真理、修正错误，不断进行自我革命。新时代新征程，必须持之以恒推进全面从严治党，不断完善纠正机制，以党的自我革命引领社会革命。

第六，如何始终保持风清气正的政治生态。这是从政治生态的维度来阐明"大党独有难题"。政治生态好，人心就顺、正气就足。经过党的十八大以来的正风肃纪，政治生态得到了根本好转。但也要看到，保持风清气正的政治生态绝非易事，铲除腐败滋生土壤任务依然艰巨。必须把营造良好政治生态作为党的政治建设的基础性、经常性工作，坚持综合施策、协同推进，切实增强制度的权威性和约束力，增强党内政治生活的政治性、时代性、原则性、战斗性，持续净化党内政治生态。

三、解决"大党独有难题"永远在路上，必须时刻保持清醒和坚定

"犯其至难而图其至远。"全面从严治党永远在路上，党的自我革命永远在路上，解决"大党独有难题"永远在路上。必须时刻保持清醒和坚定，深入推进新时代党的建设新的伟大工程，以党的自我革命引领社会革命。

必须捍卫"两个确立"。越是形势复杂、任务艰巨，越需要坚强领导核心与科学理论指引。"两个确立"是新时代党和国家发展的根本保证，是战胜一切艰难险阻、应对一切不确定性的最大底气。有了"两个确立"、做到"两个维护"，全党全国人民就有了主心骨和定盘星，解决"大党独有难题"就有了金钥匙和指南针。要把思想建设作为党的基础性建设抓紧抓好，大力建设马克思主义学习型政党，持续学深悟透习近平新时代中国特色社会主义思想，全面把握其所蕴含的世界观、方法论和贯穿其中的立场、观点、方法，深刻领会其道理、

学理、哲理，不断增强政治判断力、政治领悟力、政治执行力，以高度的政治自觉、思想自觉、行动自觉做到学思用贯通、知信行统一。

必须坚持认真到底。讲认真是我们党的优良传统和优秀品格，也是新时代解决"大党独有难题"的精神品质。对我们共产党人来说，讲"认真"不仅是态度问题，而且是关系世界观和方法论的大问题，是关系党的性质和宗旨的大问题，是关系党和人民事业发展全局的大问题。成功经验反复表明，凡事就怕认真、就怕较真。面对困难和难题，认真到底，一抓到底，就没有战胜不了的困难，就没有破解不了的难题。要保持战略定力，以"永远在路上"的恒心和韧劲，克服精神懈怠和急躁情绪，真正做到时时、处处、事事讲认真，始终将认真贯穿于改造主观世界全过程，体现在干事创业各方面，不断提高执政能力和领导水平，以共产党人独有之认真破解"大党独有难题"，以实实在在的成效取信于民，创造出无愧于新时代的新业绩。

必须坚持内外兼修。100多年来，党外靠发展人民民主、接受人民监督，内靠全面从严治党、推进自我革命，勇于坚持真理、修正错误，勇于刀刃向内、刮骨疗毒，保证了党长盛不衰、不断发展壮大。其中阐明了我们党跳出历史周期率的"两个答案"，也在一定程度上揭示了解决"大党独有难题"的"两个答案"。这一外一内，相辅相成，缺一不可。要坚持内外兼修、双轮驱动。新时代加强党的民主监督关键在于推进全过程人民民主，健全务实管用的人民当家作主制度体系，构建畅通有序的多样化民主渠道，最大限度激发群众的发展潜力、社会向心力、民族凝聚力。同时，必须始终坚持真理、修正错误，敢于直面问题，不讳疾忌医，不断清除一切损害党的先进性和纯洁性的因素，不断清除一切侵蚀党健康肌体的病毒，确保党青春永驻、活力永存。

　　必须坚持改革创新。唯改革者进，唯创新者强，唯改革创新者胜。解决"大党独有难题"，不能靠旧思路、老办法。必须紧跟时代步伐，顺应实践发展，勇于打破思想观念上的桎梏，不断拓展认识的广度和深度，以新的理论指导新的实践。坚持加强顶层设计和尊重基层首创相结合，注重改革的系统性、整体性、协同性，充分运用现代科技成果，善于依靠改革的思维和办法攻坚克难，着力破解体制性、机制性障碍，形成有效管用的体制机制。坚持制度治党、依规治党，运用治理的理念、系统的观念、辩证的思维管党治党建设党，把全面从严与科学激励、严管与厚爱结合起来，进一步健全全面从严治党体系，使党的建设各项工作更好体现时代性、把握规律性、富于创造性，将党锻造得更加坚强有力、充满生机活力，始终走在时代的前列，带领全国各族人民迈向伟大复兴的光明未来。

目　录
C o n t e n t s

第一章 >>>

如何始终不忘初心、牢记使命

第二章 >>>

如何始终统一思想、统一意志、统一行动

第三章 >>>

如何始终具备强大的执政能力和领导水平

第四章 >>>

如何始终保持干事创业精神状态

第五章 >>>

如何始终能够及时发现和解决自身存在的问题

第六章 >>>

如何始终保持风清气正的政治生态

第一章
如何始终不忘初心、牢记使命

　　大党独有难题"六个如何始终"中第一个就是"如何始终不忘初心、牢记使命"。党的十八大以来，以习近平同志为核心的党中央从事关党和国家前途命运的战略高度，旗帜鲜明地强调要牢记初心使命。初心易得，始终难守。对一个长期执政的政党而言，没有比忘记初心使命更大的危险。忘记初心使命，我们党就会变色、变质、变味，就会失去民心、失去民意、失去未来。破解"如何始终不忘初心、牢记使命"难题，关键在于：不忘初心，将初心变为恒心；牢记使命，把使命当作生命。

一、初心和使命为何重要

不忘初心，方得始终；牢记使命，方能致远。初心和使命是人类之题，是中国之问、世界之问、历史之问、时代之问。任何一个国家和民族，任何一个政党和组织，任何一个群体与个体，都有初心和使命。无论是对于一个民族或政党，还是对于一个群体或个人，最难得的就是历经沧桑而初心不改、饱经风霜而本色依旧。一个忘记来路的民族必定是没有出路的民族，一个忘记初心和使命的政党必定是没有未来的政党，一个忘记初心和使命的人必定会在人生道路上出现偏差。

中华民族一直以来孜孜探讨与思考初心和使命这个议题。儒家先贤孟子曾言："大人者，不失其赤子之心者也。"①道家学派创始人老子说："众人熙熙，如享太牢，如春登台。我独泊兮其未兆，如婴儿之未孩。"②北宋理学家程颐则提出，"治道亦有从本而言，亦有从事而言。从本而言，惟从格君心之非，正心以正朝廷，正朝廷以正百官。"中华民族历史上出现的成康之治、文景之治、贞观之治、开元盛世、康乾盛世等煌煌气象，都与当时执政者践行以民为本的思想有关。

对于一个政党而言，特别是对于一个大党而言，初心和使命至关

---

① 《孟子》，方勇译注，中华书局 2015 年版，第 155 页。
② 《道德经》，王丽岩译注，中国文联出版社 2016 年版，第 67 页。

重要。初心和使命集中体现了一个政党是什么、要干什么这一根本问题。政党的初心和使命在本质上揭示了其安身立命之本和存亡发展之道。一个政党能保持初心和使命，就会永葆青春和活力；一个执政党能保持初心和使命，就能长期执政。历史上，苏联共产党的衰败、印度国民大会党的分裂、墨西哥革命制度党执政权的丧失等，究其根本原因，是这些曾经叱咤风云的大党老党在执政过程中丢掉了初心和使命，最终失去了民心，葬送了前途。苏联共产党曾是世界上最强大的马克思主义政党，却在拥有近2000万名党员时失去执政党地位并导致国家解体。对此，习近平总书记指出："苏联是世界上第一个社会主义国家，取得过辉煌成就，但后来失败了、解体了，其中一个重要原因是苏联共产党脱离了人民，成为一个只维护自身利益的特权官僚集团。"① 印度国民大会党成立于1885年12月，是一个百余年大党。该党曾高举"民族主义、世俗主义、民生主义、社会主义"四面大旗。1947年印度独立后，国民大会党在尼赫鲁的领导下长期执政，经历了1969年和1978年两次分裂，在20世纪90年代的选举中败北。一个百余年大党之所以走下坡路，根本原因是该党忘了为民初心，高举民生大旗却没有真正解决民生问题。墨西哥革命制度党是拉丁美洲第一大政党，自1929年成立以后连续执政达71年之久。20世纪80年代以后，墨西哥革命制度党逐渐放弃了革命民族主义的指导思想，转向以新自由主义为实质的社会自由主义，把初心和使命抛到脑后，强调经济自由，忽视社会公平，导致两极分化加剧，削弱党的社会基础，最终失去了长期执政地位。

---

① 习近平：《把握新发展阶段，贯彻新发展理念，构建新发展格局》，《求是》2021年第9期。

从历史经验中体会初心和使命的重要性。丢掉初心和使命是国际共产主义运动遭受挫折的重要原因。马克思主义自诞生以来，遭受了两次巨大挑战，这两次挑战均是因为丢掉了初心和使命。第一次是来自19世纪、20世纪之交以伯恩施坦为主要代表人物的修正主义思潮的挑战。伯恩施坦等修正主义者忘记了马克思主义理论的初心，抛弃了马克思主义的基本原理，对马克思主义大搞"修正"，在《社会主义问题》《社会主义的前提和社会民主党的任务》等书中建构了较为完整的"反马克思主义"的理论体系。面对修正主义者的进攻，以列宁为代表的真正的马克思主义者奋起反击。列宁在《怎么办？》《马克思主义的三个来源和三个组成部分》等著作中科学回答了"什么是马克思主义"等重大理论问题。可见，正是因为伯恩施坦忘了初心，对马克思主义进行所谓的"修正"，才使得国际共产主义运动陷入低潮；而正是因为列宁坚守马克思主义这个理论初心，实事求是地发展了马克思主义，才使得国际共产主义运动再次蓬勃兴起。能否保持马克思主义这个理论初心，是决定国际共产主义运动成败最为基础性的因素。第二次挑战来自20世纪末期的苏东剧变。20世纪80年代末90年代初发生苏东剧变，社会主义制度遭到空前打击。苏东剧变使得共产党执政的社会主义国家数量大大减少，由剧变前的15个国家减少为5个国家，导致世界社会主义事业陷入低潮。堡垒是最容易从内部被攻破的，苏东剧变最根本的原因在于其自身。一言以蔽之，就是忘掉了自己的初心与使命。赫鲁晓夫提出"全民党""全民国家"等设想，戈尔巴乔夫提出"新思维"和人道的民主社会主义等理论。这些都与马克思主义背道而驰，其实质是第二国际伯恩施坦等修正主义思想的延续。苏东剧变之所以发生，一是苏联共产党忘记了马克思主义的理论初心，没有坚持用马克思主义的基本原理、立场、方法来武装全党，而是提出了一个又一个非马克思主义的理论。二是苏联共产党忘记了以人民为中心的政治初心。苏联共产党内形成了一个个官僚特权集团，导致党与人民群众的矛盾日益尖锐，党与人民群众之间的关系渐行渐远，最终使得由苏联共产党自己培植的官僚特权集团成为自己的掘墓人。忘记过去就意味着背叛。如果我们忘记了当初为什么出发、为什么奋斗，就不能正确地对待现实，也就没有未来。苏联共产党自1917年十月革命胜利后执政到1991年丧失政权，历时74年，最终走向失败。为什么会这样？原因是多方面的，有西方影响、经济衰落等多种原因，但是，根本原因还是美国前总统尼克松在20世纪80年代说过的这句话：东欧共产党人早已丧失理想和斗志，多数是追名求利的官僚。

历史与现实充分表明，大党必须为最广大人民谋利益，而不能异化为少数特权阶层和精英群体的利益工具。初心不在，使命亦损。忘记了自己的初心，也就不能担起历史赋予的使命。历史上，国际共产主义运动之所以遭受两次重大挫折，一方面是忘记了自己的理论初心，没有坚持马克思主义的指导地位、基本原理，另一方面是忘记了自己的政治初心，没有坚持以人民为中心的立场与原则，将个人利益、小团体利益凌驾于广大人民群众的利益之上，最终为人民所抛弃。历史充分证明：一个政党有了远大的理想追求和笃定的初心使命，就能不断强大，做到无坚不摧、无往不胜；一名党员干部牢记理想信念和初心使命，就能坚持正确的政治方向，做到"风雨不动安如山"。

对于一个组织的发展而言，初心和使命必不可少，它是组织高质量发展的根本动力。比如，推动党校工作高质量发展，党校的初心和使命不能忘、不能丢。党的二十大报告指出，全面建设社会主义现代化国家，必须有一支政治过硬、适应新时代要求、具备领导现代化建设能力的干部队伍。建设堪当民族复兴重任的高素质干部队伍，党校责无旁贷。2023年3月1日，习近平总书记在中央党校建校90周年庆祝大会上指出，党校是干部教育培训的主阵地，必须在培养造就堪当民族复兴重任的执政骨干队伍上积极作为，做好新时代的传道、授业、解惑工作，传好马克思主义真理之道，授好推动改革发展稳定之业，解好改造主观世界和客观世界所遇之惑。党校的初心就是为党育才、为党献策。"师者，所以传道授业解惑也。"为党育才是党校的神圣使命，也是党校的独特价值所在。党校教师要不忘初心，牢记使命，为党做好新时代的传道者、授业者和解惑者。一是传好马克思主义真理之道。马克思主义是立党立国、兴党兴国的根本指导思想，是中国共产党的灵魂和旗帜。党校教师要真懂、真信马克思主义，深刻把握马克思主义的基本立场、基本观点、基本原理和基本方法，把握好马克思主义理论的源头活水，要用马克思主义特别是马克思主义中国化时代化最新成果武装自己的头脑。党校教师要深入研究马克思主义中国化时代化最新成果，对马克思主义经典著作如数家珍，且能深入浅出地解读。党校教师要学好、用好、讲好习近平新时代中国特色社会主义思想，把鲜活的思想讲鲜活，把彻底的理论讲彻底。二是授好推动改革发展稳定之业。党校教师要正确认识改革、发展、稳定的关系，把改革的力度、发展的速度和社会可承受的程度统一起来，坚持以系统的观点分析改革、发展、稳定三者关系中存在的问题。三是解好改造主观世界和客观世界所遇之惑。党校教师要以学员的需求为导向，消除学员知识的盲区和工作的误区，解答理论上的困惑与实践上的困扰。在解惑时，党校教师不要空对空，用文件讲文件，停留在文件上，而要解读文件背后的理论；也不要地对地，学员其实不要求教师直接替他们出招，而且，教师的优势也不在此。学员想听教师用理论分析实际，为什么、怎么做，如果教师把学理讲清楚了，学员自然知道怎么做。

又比如，推动党的青年工作高质量发展，共青团也要牢记初心和使命。2022年5月10日，习近平总书记在庆祝中国共产主义青年团成立100周年大会上指出，坚定不移跟党走，为党和人民奋斗，是共青团的初心和使命。这一重要论断深刻回答了中国共青团从哪里来、往哪里去这一根本性问题，深刻阐明了"建设一个什么样的共青团、怎样建设共青团"这一规律性认识。中国共青团的初心使命是激励广大中国青年不断前进的根本动力。回望中国共青团百年历程，始终围绕着践行初心使命的不懈奋斗展开。在艰难困苦的战争年代，初心使命是中国青年探寻光明之路的重要支撑。比如，1928年7月，共青团五大根据党的六大提出的"争取群众，准备暴动"的总任务确定了团的基本任务：争取团结更广大的劳动青年在党的周围，为进一步发动青年参加工农革命斗争、帮助我们党准备群众武装起义、推翻国民党政权而斗争。中华人民共和国成立后，它的初心使命是中国青年探索成长之路的精神力量。比如，1953年6月，新民主主义青年团二大指出，青年团的任务是在党的领导下，在毛泽东同志的教诲下，继承和发扬中国青年运动的优良传统，团结全国青年为建设祖国而忘我地劳动，为建设祖国而奋发学习。中国共青团的初心使命是投身中华民族伟大复兴中国梦的动力之源。党的十八大以来，以习近平同志为核心的党中央，统揽伟大斗争、伟大工程、伟大事业、伟大梦想，解决了许多长期想解决而没有解决的难题，办成了许多过去想办而没有办成的大事，推动党和国家事业取得历史性成就、发生历史性变革，实现中华民族伟大复兴进入了不可逆转的历史进程。这其中就饱含着习近平总书记对共青团工作和青年发展的高度重视与亲切关怀。比如，2015年7月，习近平总书记主持召开党的历史上第一次中央党的群团工作会议，指导出台中国历史上第一个国家级青年发展规划和第一部专门关于青年的白皮书等，为新时代共青团工作提供了根本遵循。作为党的助手和后备军，中国共青团要把初心融进血脉，把使命扛在肩上，团结带领新时代中国青年在中国式现代化新征程上谱写青春乐章。

对于一项工作而言，保持初心和使命也至关重要。比如，调查研究。调查研究是中国共产党的传家宝，是领导干部的基本功，是谋事之基，是成事之道。2023年3月19日，中共中央办公厅印发《关于在全党大兴调查研究的工作方案》。为深入学习贯彻习近平新时代中国特色社会主义思想，全面贯彻落实党的二十大精神，党中央决定，在全党大兴调查研究，作为在全党开展的主题教育的重要内容，推动全面建设社会主义现代化国家开好局起好步。然而，有些部门、有些党员干部在开展调查研究时，依然存在诸多问题，出现运动式调研、作秀式调研、应付式调研、迎合式调研、肤浅式调研等现象。上述调查研究问题本质上是官僚主义、形式主义、本本主义、经验主义在作祟。究其根源，是因为这些人忘记了调查研究的初心和使命，他们为了调研而调研，反而将调研异化为"调演"。什么是调查研究的初心和使命？发现问题，解决问题，推动工作，是调查研究的初心和使命。毛泽东同志曾在《反对本本主义》中指出，调查就是解决问题。刘少奇同志也曾强调，为什么要做调查研究呢？是为了解决问题而调查，不是为调查而调查。那么，首先脑子里面要有问题才能调查。脑子里面连一个问题也没有，就去搞调查，那就会搞得没有个边。可见，如果我们在调查研究中忘了初心和使命，调查研究就会偏离正确的方向，不可能获得真实信息、真知灼见，不可能发现真问题、解决真问题，不可能推动工作高质量发展。

初心和使命，决定了一个人、一件事、一个组织、一个政党、一个民族的前进方向，并激发了其主体发展的根本动力。倘若主体忘了初心和使命，那么主体的发展就会偏离正确的轨道，发展目标也会渐行渐远。

二、中国共产党人的初心和使命

一个政党有了远大理想和崇高追求，有了坚定的初心使命，才会坚强有力、无坚不摧。一名党员干部始终不忘初心、牢记使命，就能挺起共产党人的精神脊梁，做到"任尔东西南北风"。建党为了谁、建党为什么，是对一个政党立党兴党强党缘起的叩问，本质上揭示了政党安身立命之本和存亡发展之道。不忘初心方能行稳致远，牢记使命才能开辟未来，把"如何始终不忘初心、牢记使命"这一独有难题摆在首位，彰显出中国共产党人的高度清醒与自觉。

初心和使命是中国共产党人的鲜明特征。习近平总书记在党的十九大报告中指出，中国共产党的初心和使命，就是为中国人民谋幸福，为中华民族谋复兴。这个初心和使命是激励中国共产党人不断前进的根本动力。区别于其他政党，区别于其他国家的共产党，中国共产党的显著标志是有其鲜明的初心和使命。不忘初心和使命，就是不要忘记我是谁、为了谁、依靠谁。党的初心和使命是党的性质宗旨、理想信念、奋斗目标的集中体现。这个问题关系立党兴党强党的根本问题，关系中国共产党人的根与本、精神支柱与政治灵魂。正是坚持了自己的初心和使命，中国共产党才能在中国长期执政，才能使中国特色社会主义不断续写辉煌。

为中国人民谋幸福是中国共产党开展一切工作的价值遵循。民心乃最大的政治。中国共产党所做的一切，都是为了满足人民对美好生活的向往。中国共产党是如何保持以人民为中心这一政治初心的？始终坚持人民至上，始终代表中国最广大人民的根本利益，从来不代表任何利益集团、任何权势团体、任何特权阶层的利益，是中国共产党立于不败之地的根本所在。对于中国共产党而言，人民重于千钧，人民就是一切，让人民生活幸福就是"国之大者"。中国共产党是用马克思主义理论武装起来的政党，从诞生之日起就坚持人民立场，并一以贯之体现在党的全部奋斗之中。什么是党的初心和使命？用一个具体例子来说明：1934年3名女红军借宿徐解秀老人家中，临走时把自己仅有的一床被子剪下一半给老人。这半条被子一半留下的是初心，一半扛起的是使命。长期以来，人类社会受到自然资源有限、发展不平衡、自然灾害、战争等因素的影响，始终无法消除贫困。中国共产党践行初心、担当使命，团结带领人民为创造美好生活进行了长期艰辛奋斗。特别是党的十八大以来，党中央根据扶贫工作中的新情况、新问题，提出精准扶贫的新要求，推动我国脱贫攻坚战取得全面胜利，现行标准下9899万农村贫困人口全部脱贫，832个贫困县全部摘帽，12.8万个贫困村全部出列，区域性整体贫困得到解决，完成了消除绝对贫困的艰巨任务，创造了彪炳史册的人间奇迹。而西方政党的初心和使命是为少数人谋利益。从欧美经验看，政党是社会部分利益的代表，不是人民主权的代表。社会分裂，人民主权就分裂；分裂的人民主权会伤害人民的福祉。西方两党制或多党制的初衷是避免权力滥用，实现政党监督。但实际上，选举政治强化了不同利益群体间的隔阂，造成政治整合能力下降。在重大国家战略问题上，各政党之间往往难以达成共识，更难有长远规划。各政党因选举而分化，因民粹而分裂，因党争而忽视多数人利益，导致社会不断撕裂。2018年的"黄马甲"运动造成法国半个世纪来最大的骚乱，得到70%以上民众支持，背后的根源同样在于执政党在解决长期存在的财富不均和阶层固化问题上力不从心。

为中华民族谋复兴一直是中国共产党的使命，也一直是中国人民的共同夙愿。半殖民地半封建社会，人民蒙难，民族蒙羞。"东亚病夫"的帽子、"华人与狗，不得入内"的牌子轻蔑至极，人民要解放、民族要复兴，成为那个时代最深沉的呐喊。在中国人民和中华民族的觉醒年代，中国共产党横空出世，震醒了沉寂已久的中华大地，勇敢地担负起为中国人民谋幸福、为中华民族谋复兴的历史责任。这个初心使命是中国共产党建党的价值基点和实践原点。

初心使命不是空洞的，而是可衡量和可检验的。初心使命是具体的、可实践的，不是只拿来说、只拿来当口号喊的，更不是用来装点门面的。衡量初心使命，关键是看能否做到以下三个方面。一是看能否做到对党忠诚。在党员干部身上，初心使命与对党忠诚紧密相连，初心使命坚定才能心中有党、对党忠诚，对党忠诚是对初心使命的最好诠释。历史上也有少数党员面对前进道路上的艰难险阻打退堂鼓，面对敌人的威逼利诱成了可耻的叛徒，党的一大代表中就有人背弃信仰、丢掉初心，走向党和人民的对立面。二是看能否做到始终把人民放在心中最高位置。习近平总书记指出："江山就是人民，人民就是江山。中国共产党领导人民打江山、守江山，守的是人民的心。"①共

---

① 习近平：《高举中国特色社会主义伟大旗帜 为全面建设社会主义现代化国家而团结奋斗——在中国共产党第二十次全国代表大会上的报告》，《求是》2022年第21期。

产党人是为崇高理想奋斗和为最广大人民谋利益的统一论者，把人民放在心中最高位置是共产党人的根本政治立场，也是检验共产党人理想信念和初心使命的根本价值尺度。一旦离开了人民，理想信念和初心使命就会失去依归、失去价值、失去意义。井冈山斗争时期，物资匮乏，尤其是食盐和药品。面对困难，红军坚持"只要红军有盐吃，就得让老百姓的菜碗也是咸的"，总是把缴获的食盐分给群众。村民李尚发分到食盐后却舍不得吃，将这罐盐藏在自家屋子后面的树洞里，以备红军不时之需，这一藏就是31年。直到1959年，李尚发才将盐挖出，捐赠给博物馆。一罐食盐，见证了党和人民"有盐同咸、无盐同淡"的甘苦与共，生动诠释了中国共产党人始终不变的初心使命。三是看能否做到关键时刻经得起考验。疾风知劲草，烈火见真金。越是重要关头，越是复杂考验，越能看出党员干部初心使命的定力和成色，越能从深层次检验党员干部的党性和品格。党员干部有了坚定的初心使命，才能在大是大非面前旗帜鲜明，在大风大浪面前敢于亮剑，在急难险重面前挺身而出。

从大历史观来看中国共产党人的初心和使命。历史忠实记录着一个国家、一个民族走过的足迹，也给国家和民族未来的发展提供启示。走进历史中去探寻历史、事物发展的规律，能更深刻地了解人类社会发展的进程。对于有着大历史观的中国共产党人来说，常常以现实的实际问题作为历史研究的出发点，本着对历史、当下和未来共同负责的态度去为人民谋幸福、为民族谋复兴。100多年来，中国共产党由建党时的50多人发展壮大为今天拥有9800多万名党员的世界第一大党，并带领有着5000多年文明历史的东方大国走上中国特色社会主义康庄大道、迎来民族复兴光明前景，创造了"地球上最大的政治奇迹"。党的十八大以来，习近平总书记以树立大历史观的高远眼光、谋划民族复兴大局的战略思维和回答时代之问的创新精神，首次以"初心使命"作为总结党的全部历史的关键词、主题句和统领段，谱写新时代的党史新篇章。在关于百年党史的总括性话语体系中，习近平总书记提出的"我们党的一百年，是矢志践行初心使命的一百年"①这一重要论断，具有覆盖全部党史的最高位阶的核心话语地位，阐明建党、立党、兴党、强党的历史链条，构成百年党史叙事的"大本大源"。党的历史是一部践行初心和使命的历史，更是学习初心和使命的经典教科书。无论是弱小还是强大，无论是顺境还是逆境，中国共产党始终保持着为中国人民谋幸福、为中华民族谋复兴的初心和使命，并为此矢志不渝。

新时代新征程，党要始终不忘初心、牢记使命。新时代新征程，始终不忘初心、牢记使命，能够确保我们在风险挑战乃至惊涛骇浪中始终保持斗争精神，在实现中华民族伟大复兴进程中始终赢得历史主动。不忘初心、牢记使命，不是一阵子的事，而是一辈子的事。每位党员干部特别是领导干部要始终把不忘初心、牢记使命作为必修课、常修课，经常进行思想政治体检，同党中央要求"对标"，拿党章党规"扫描"，用人民群众新期待"透视"，同先辈先烈和先进典型"对照"，时常叩问初心、守护初心，不断坚守使命、担当使命，始终做到初心如磐、使命在肩。一是以党的创新理论涵养初心使命。科学理论是正确行动的先导，理想信念的坚定离不开理论上的坚定。实践充分证明，习近平新时代中国特色社会主义思想是当代中国马克思主义，是中华文化和中国精神的时代精华。全党要不断深化对习近平新时代中国特色社会主义思想的理解和认识，深刻

---

① 习近平：《在党史学习教育动员大会上的讲话》，《求是》2021年第7期。

领悟"两个确立"的决定性意义，坚持用党的创新理论武装头脑、指导实践，始终坚定初心使命。二是以党的主题教育践行初心使命。党中央坚定不移推进全面从严治党，坚持思想建党和制度治党共同发力，扎实开展"不忘初心、牢记使命"主题教育，使广大党员干部思想上心灵上受到深刻洗礼。牢记初心使命是党员干部的终身课题，也是党员教育管理的永恒课题，必须经常抓、大力抓、长期抓。三是以党的自我革命保持初心使命。自我革命是对大党独有难题"对症下药"，通过自我净化、自我完善、自我革新和自我提高，以"自身硬"从根本上破解大党独有难题。自我革命是中国共产党区别于其他政党的显著标志，是中国共产党最鲜明的品格，是破解大党独有难题的关键路径。

破解大党独有难题，做到"六个如何始终"，关键在于党的自身建设，保持自身肌体健康。只有掌握了自我革命这个法宝，党才能始终保持先进性和纯洁性，成为人民的主心骨和定盘星；人民才能信任党，成为党的根基和血脉。马克思主义政党在本质上具有刀刃向内的自我革命属性。回顾党的百余年历程，在历史攸关时期，党就是靠自我革命这一法宝，披荆斩棘，攻坚克难，夺取一个又一个胜利，取得历史性成就，发生历史性变革。进入新时代以来，全面从严治党成效显著，开辟了党的自我革命新境界，对马克思主义执政党建设规律的认识达到了新的高度。今后，我们要把党的自我革命的成功做法和新鲜经验提炼集成，将党的自我革命进行到底，在理论上继续深化党的建设规律，在实践上完善党的自我革命制度规范体系。

新时代新征程，目标更加宏伟，任务愈加繁重，挑战日益严峻，需要全党同志务必不忘初心、牢记使命。要坚持不懈用习近平新时代中国特色社会主义思想凝心铸魂，始终坚定对马克思主义的信仰、对中国特色社会主义和共产主义的信念，"炼就金刚不坏之身"。

三、使命型政党与竞争型政党的异同

使命型政党蕴含着"中国共产党为什么能"的答案。百余年来的理论与实践表明，中国共产党是一个为中国人民谋幸福、为中华民族谋复兴的使命型政党，超越了西方政治学者对政党类型的分类，形成了自身的特质与优势。中国共产党为什么能？为什么能够经历百余年而生机勃勃、风华正茂？对此，我们要深刻理解中国共产党的政党性质，要深入比较使命型政党与竞争型政党的异同。

中国共产党是一个典型的马克思主义使命型政党。中国共产党基于使命而生、基于使命而在。作为使命型政党，中国共产党具有独有的类型化特质，彰显出百年大党的独特优势，生动诠释了"中国共产党为什么能"的重大命题。

第一，秉持人民本位理念，强化政党的使命担当。民心是最大的政治，人民是党执政兴国的最大底气。习近平总书记明确指出，"人心向背关系党的生死存亡"[①]。中国共产党的根基在人民、血脉在人民，始终坚守人民立场，把人民群众视为推动历史发展的前进动力，把人民放在党和国家工作的最高位置。中国共产党坚持人民至上的价值理念，坚守为人民服务的宗旨，以人民的利益为利益，没有任何特殊的利益，不代表任何特权阶层和利益集团的利益。利民之事，丝发必兴；厉民之事，毫末必去。人民本位并不只是一个口号，不能止步于

---

① 习近平：《在党史学习教育动员大会上的讲话》，《求是》2021年第7期。

思想环节，而是要为人民群众切切实实谋幸福，这正是中国共产党与西方政党的根本区别。中国共产党的人民本位理念体现在社会主义民主政治的发展上，体现在人民当家作主权利的行使中。中国共产党在政治实践中贯彻落实全过程人民民主，畅通意见表达渠道，保障人民有效参与国家政治生活，生动彰显人民至上信念。相比之下，西方政党持有的是利益本位、金钱本位理念，难以作出利民决策，少数务实为民的政党也难以撼动特权阶级的利益。正因如此，西方竞争型政党常常陷入认同危机。只有人民本位、以人民为中心的政党价值观才能获得人民衷心的认同。在新时代条件下，中国共产党将满足人民对美好生活的向往作为奋斗目标，把人民拥护不拥护、赞成不赞成、高兴不高兴、答应不答应作为衡量一切工作得失的根本标准，推动共同富裕取得更为明显的实质性进展，以实际成效不断增强人民群众的获得感、幸福感、安全感。

第二，坚持守正与创新的统一，永葆马克思主义政党本色。在守正创新中坚持和发展马克思主义，是百年大党永葆青春的关键所在，是使命型政党的理论品格和思想基础。一方面，以守正思想坚持马克思主义在意识形态领域的主导地位。守正，守的是真理性与科学性之"正"，就是坚持马克思主义的根本指导思想。坚持马克思主义立场、观点、方法，运用马克思主义的世界观和方法论解决问题，持续深化对共产党执政规律、社会主义建设规律、人类社会发展规律的认识，毫不动摇地坚持和发展中国特色社会主义，坚定对中华优秀传统文化的信心。另一方面，以创新思想推进马克思主义中国化时代化。创新，创的是开放性与时代性之"新"，就是不僵化、不停滞、勇于改革。结合时代发展特征不断推进马克思主义理论创新，推动中华优秀传统文化的创造性转化和创新性发展，开辟马克思主义理论发展新境界、探寻中国式现代化新道路、塑造人类文明新形态，与时俱进回答时代之问、实践之问、人民之问和世界之问。守正不意味着教条主义、经验主义的滥觞，创新也不是任由非主流意识形态滋长。中国共产党坚守主流意识形态阵地，反对形式主义地对待马克思主义的观点，始终坚持以开放的态度对待马克思主义真理对时代的适应性变化。西方国家有些政党为讨好选民不惜煽动纵容民粹主义，有些政党则完全沦为特定利益集团的选举工具，这些均导致近年来西方政治极化现象愈加明显。由于缺乏明确的理想信念和牢固的思想基础，西方竞争型政党不具备制定和执行长远规划的意愿和能力，凝聚力与号召力持续降低，政党组织萎缩，政党功能弱化，民主神话最终破灭。

第三，塑造严密高效的组织体系，加强党的集中统一领导。政党组织结构是政党效能发挥的基础，政党使命与政党组织是"神"与"形"的关系，使命型政党既要"凝神"，又要"汇形"，实现政党使命需要"以神化形"，需要充分发挥党深入人民群众基层的组织优势。中国共产党按照民主集中制的原则组织起来，构建涵盖中央、地方与基层的严密组织网络，实现了社会资源的有效整合与政治力量的有效动员。党的领导是中国特色社会主义最本质的特征，是中国特色社会主义制度的最大优势。中国共产党之所以能够成为百年大党、铸就百年辉煌，关键就在于始终维护党中央的集中统一领导，确保全党的团结与统一，形成了攻无不克、战无不胜的磅礴力量。相比之下，西方竞争型政党精英化倾向日益加剧，基层党组织的虚化、弱化、空心化日趋严重。西方党员的政治身份只有在投票选举时才被唤醒，党员的政治参与度低、忠诚度明显淡化。西方政党的社会功能也不断弱化，党内呈现出分裂不断、内斗不止的局面。苏东剧变的惨痛教训，要求我们党铸就严密的组织防线，锻造坚强有力的领导核心。

第四，勇于自我革命，推动政党的适应性变革。我们党长盛不衰、稳步前行，外靠发展人民民主、接受人民监督实现新跨越，内靠全面从严治党、推进自我革命开创新格局。勇于自我革命，是中国共产党的鲜明品格，也是中国共产党经得住风浪、扛得住考验、永葆青春活力的强大支撑。实现历史使命，关键在于党以高度的历史自觉和强烈的主动精神持续推进自我革命，并以彻底的自我革命引领伟大的社会革命。马克思主义政党的先进性和纯洁性并不是天生的，而是在不断自我革命的实践中淬炼而成的。

第五，开放包容，具有强大的容错与纠错机制。20世纪40年代由美籍奥地利理论生物学家贝塔朗菲开创的开放系统理论，在有机体健康生长方面具有非常强大的解释力。中国共产党具备十分明显的开放系统特征。具体地说，中国共产党理论开放，能够不断根据实际发展科学理论；中国共产党组织开放，具备民主集中制的组织原则和领导制度，以及批评与自我批评作风的政治生活，使得组织从决策层到基层都有优生性；中国共产党成员开放，吸收有理想信念的优秀成员入党，从建党之初的50多名党员逐步发展成为世界上最大的执政党组织。开放性赋予中国共产党强大的容错纠错能力。在新民主主义革命时期，中国共产党多次身处极其困难和危险的境地，但开放性赋予革命力量的韧性，党在生死存亡的紧要关头及时调整斗争策略和革命路线，都化险为夷。其中，在"四一二"反革命政变之后，党的"八七"会议就确定了武装反抗和土地革命路线，避免了党的全面失败；当中心城市革命暴动失败后，毛泽东同志确立了以农村包围城市的革命道路，以红色割据保存和壮大了革命力量；当"左"倾冒险主义造成革命力量严重削弱时，遵义会议纠正"左"倾错误，确立毛泽东在党中央和红军的领导地位，成为中国共产党历史上生死攸关的转折点；当王明否认抗日统一战线独立自主原则、要求党放弃对统一战线的领导权时，党的六届六中全会批判了王明的右倾投降主义，及时纠正了王明的错误倾向。中国共产党进入执政时期，得益于党的开放性，既完善了党的组织，又能够从重大失误中进行纠偏和拨乱反正。如中华人民共和国成立之初，面对党内一些高级干部以功臣自居、骄傲自满、贪污腐化的严峻局面，中国共产党开展整党整风运动、"三反""五反"运动，严厉查处一切形式的贪污腐败、铺张浪费行为，惩办了刘青山、张子善等贪污腐化分子。面对社会主义建设初步探索实践的重大挫折，七千人大会总结了"大跃进"中的经验教训，开展了批评和自我批评，及时纠正错误。

许多西方政党是典型的西方资本主义竞争型政党。无论是两党制，还是多党制，西方资本主义国家的政党都属于竞争型政党。其奉行资本至上、赢者通吃，结果可想而知，西方社会贫富差距越来越大，社会矛盾越来越突出。一方面，西方传统政党深陷代表性危机，正如"占领华尔街运动"的抗议者所说，华盛顿的政客都在为1%的富人服务，却没有人代表我们剩下的99%；另一方面，传统左、右翼政党都高度依赖金融资本，诺贝尔经济学奖得主、美国经济学家斯蒂格利茨称美国民主正在变为"一美元一票"。

竞争型政党的本质是什么？从政党政治嬗变与转型来看，西方政党经历了从精英型政党到群众型政党，再到全方位型政党，又到商业公司型政党的过程。19世纪中叶以前的政党政治运行实践局限于少数特权阶层，政党以精英为核心、结构松散，鲜见议会外政党，这一时期占主导的政党类型为精英型政党。19世纪末20世纪初，随着民众对政党权力垄断的排斥，一些具有明确组织结构特征和鲜明意识形态特点的议会外群众型政党应运而生。到20世纪中叶，在群众型政党完成政治整合之后，政党组织逐渐向专业化方向发展，为了缓和社会矛盾、吸引更多选民，这些政党的意识形态逐渐淡化，政党间的联合频率逐渐增多，全方位型政党由此产生。20世纪末，政党政治愈加成熟，西方主要政党为了占据公共职位，限制和应对新兴政党的挑战和威胁，加强对国家权力和社会资源的垄断，卡特尔型政党出现。随着网络技术的发展和新闻传播的进步，掌握较多私人资源的社会企业家们利用市场策略和塑造领袖形象参与竞争性选举活动，对传统的政党政治格局产生严重冲击，并由此产生新型的商业公司型政党。可见，竞争型政党是就政党关系、政党与政府的关系而言，竞争是西方政党关系的本质和主流，决定了政党之间的对抗对立关系。激烈的党争进一步撕裂社会，西方民众在利益、政见、种族、文化等方面的对立愈演愈烈。西方政党之间的相互竞争严重影响了政党之间的团结与合作，为反对而反对成为政党关系的常态。竞争型政党导致"政党极化"现象。政党相互制衡可能导致政治偏见，往往出现"你赞成的我就反对，你反对的我就赞成"的现象，流变为政党之间的互相攻击、互相拆台。

中国共产党不仅是一个执政党，更是一个使命型政党，这与西方政党形成鲜明对比。与西方国家的竞争型党相比，中国共产党有何独特之处？中国共产党不是西方意义上的政党，也拒绝推行西方意义上的政党政治。中国共产党是政治上统一的执政集体，是中华民族全民利益的代表。具体而言，使命型政党与竞争型政党的差异体现在以下几个方面：

一是使命型政党具有独特的精神品质。这些精神品质包括崇高的共产主义政治理想与信仰、科学的历史规律认知与实践智慧、人民本位的价值追求与伦理情怀等。中国共产党秉承价值理性取向，把实现共产主义作为最高纲领，以高度的价值认同、情感共识致力于构建人类文明新形态。共产主义以"信仰媒介"形式内化到党组织体系的各个要素，凝练中国共产党高尚的组织人格、自我发展的目标规划与治国理政的运行导向。而西方的竞争型政党则崇尚实用主义取向，缺乏统一的、崇高的、连贯性的政治目标，围绕着资本逻辑、权力博弈、利益分割治国理政。使命型政党一般建立在某种世界观、方法论基础上，具有坚定的政治立场与科学的履职技巧。恩格斯曾经指出："我们党有个很大的优点，就是有一个新的科学的世界观作为理论的基础。"[①]而西方的竞争型政党崇尚个体私有、资本逻辑，迷失于"理性上帝"幻化出的思辨迷宫。这种意识形态指导局限于阿门塞斯冥国（古埃及语，意思是"冥国"。相当于我国说的阴间、冥界）这个颠倒的形而上学世界，充当维护资产阶级统治的"辩护人"。竞争型政党作为国家与社会联系桥梁的功能正在衰落，作为社会政治团体组织正在涣散，政党对立、社会失控与治国失效等问题层出不穷，其内在局限日益凸显。使命型政党有其核心的价值诉求和行动理念，贯穿于政党建设与治国理政各个方面。马克思指出："无产阶级的运动是绝大多数人的，为绝大多数人谋利益的独立的运动。"[②]中国共产党以全心全意为人民服务为宗旨，秉持满足人民对美好生活向往的价值承诺，信奉的是人民史观。全面建成小康社会、脱贫攻坚工程取得全面胜利等重大任务的实现，充分彰显了使命型政党以民为本的政治理念与智慧。

二是竞争型政党可能导致政党政治陷入系列危机。正是基于西方

---

① 《马克思恩格斯文集》（第二卷），人民出版社 2009 年版，第 599 页。
② 《马克思恩格斯选集》（第一卷），人民出版社 1995 年版，第 283 页。

政党的性质，其始终难以解决政党政治的危机。第一，治理危机。西方政党体制固化，利益集团地位难以撼动，社会问题无法得到有效解决。西方发达国家如英国和美国的政党已难以提出符合国家整体利益和长远发展的政策主张，失去了提供不同政策选择的政党政治功能，但是在政治上这些国家还是不得不诉诸低效的两党制和利益集团的势力角逐来解决矛盾。第二，认同危机。西方政党将竞争性选举简化为民主范式，将人民的整体权力拆分为三权分立，违背了人民至上的信条，失去了民意基础。西方政党政治通过选票将维护人民利益的民主选举包装为政治秀场，真人秀演员、喜剧演员、节目主持人等都可以参与竞选甚至成为总统，普通民众对政党政治和选举政治的认同度普遍较低。第三，信任危机。不断失败的政党转型和持续衰败的治理体制使得民众对传统政党力量失去信心，政党政治碎片化趋向显著。为了迎合选民意愿和短期利益，民粹主义和极端主义政党发展势头迅猛，利用媒体博取选民眼球、抢占话语权，形成了独具特色的西方选举的"政治狂欢"。

三是作为使命型政党，中国共产党具有独特的优越性。第一，超越政党的数量概念，强调政党之间的团结。当前，在竞争型政党体系下，大多数西方国家采取两党制或多党制，并普遍认为采取一党制的国家是不稳定的、无法长久维系政权的特例或异端。同时，西方学术界提到"政党"一词时，也多是使用该词的复数形式。政党在西方话语体系中的这一表现，一方面是因为西方国家的政党在起源上就具有对立、分歧和斗争的传统。例如，英国的政党在初始阶段便围绕强化国会还是国王权力、信奉自由主义还是保守主义而展开斗争，虽然彼时的纷争早已不复存在，但是这种两党对立之势却延续至今。另一方面，西方国家不相信政党能够自我约束，也不相信长期执政的单一政党能够根据现实变化调整施政方针，认为必须存在多个政党，以权力分化实现党际监督，以政党竞争激励政党变革。然而，这会导致党争不断、利益集团拉扯、政策短视等问题。作为使命型政党，中国共产党不照搬西方政党竞争与轮替形式，采取一党领导、多党合作的新型政党制度，不拘泥于政党的数量，而是注重政党所代表的人民群体的范围。在历史使命的指引下，中国共产党与各民主党派、无党派人士共同为中华民族伟大复兴而奋勇向前。第二，超越政党间利益对抗，强调政党协商合作。无论是以维护特权阶层利益为核心的精英型、卡特尔型政党，还是反映部分民众意愿的群众型政党，西方语境中的政党都是从利益角度出发，以利益至上的观念与其他政党展开零和博弈。这样的政党类型也具有垄断与反垄断的发展特征，政党治理下的国家和社会内部具有不可避免的对抗性本质。中国共产党作为使命型政党展现出全然不同的特质。中国共产党不仅有科学严密的组织体系和集中统一的领导体系使各个政党之间形成合力，更有矢志不渝的使命意识体系领各党派的参政追求。对中国共产党和各民主党派来说，在政党利益之上还有为中国人民谋幸福、为中华民族谋复兴的使命担当，正是这样的政党使命造就了各党派的目标取向、价值方向和根本精神追求，并影响其他组织特征。第三，超越了政党的从属性定位，充分发挥政党自身的能动性。在国家、政党、社会三者的关系中，西方语境下的政党是国家与社会之间的中介和桥梁。相比于国家和社会，政党是一种从属性很强的概念。精英型政党远离社会和民众，群众型政党则从议会外的社会群体中产生，而发展到卡特尔型政党时，政党与国家权力的关系愈加密切，但与社会和民众则渐行渐远。国家与社会之间的互动关系直接决定了政党或政党政治的生存现状，西方政党普遍存在从属于国家或社会中心主义传统而能动性不足的现象。中国共产党作为使命型政党具有强大的主体能动性，发挥着统领全局、协调各方的领导核心作用，推动国家、政党、社会三者的有机融合，形成实现中华民族伟大复兴的合力。中国共产党不将国家和社会看作是对立或不相容的两个领域，也未让政党功能从属于国家与社会，而是在实践中自主选择、构建并调整治理方式与方向，实现国家治理与社会治理相统一、治理与民意相统一，充分展现作为使命型政党的主体性与生命力。

使命型政党秉承中华民族大一统思想，维护大一统的公心，不偏不倚、不左不右，排斥党争。正是如此，中国共产党能维持社会团结。中国南北差异大，东西差异更大，能长期维持大一统，关键不在"一统"，而在"大"。如何能"大"？答案是"有容乃大"。在传统中国，治理东北、西北、西南与治理内陆的制度不同，治理大江南北的方式也不一样，治理乡村和城市的政策更不一样。有事商量着办，有事好商量，遇事必商量，大家参与商量。

四、"四大考验"时刻考验初心和使命

越是长期执政，越不能忘记党的初心和使命。在长期执政过程中，我们党必然会遇到这样或那样的考验。考验与危险是前所未有的"时空转换"，具有长期性、复杂性和严峻性。千锤万凿出深山，烈火焚烧若等闲。"四大考验"是指执政考验、改革开放考验、市场经济考验、外部环境考验，是检验初心和使命的试金石，且时刻考验着初心和使命。因此，越是经得住"四大考验"，初心和使命就越牢固。

　　"四大考验"是客观存在的，是长期的、复杂的、严峻的。党的建设是党领导的伟大事业不断取得胜利的重要法宝。加强党的建设，必须直面党所面临的考验与挑战。2009年9月15日，胡锦涛同志在党的十七届四中全会上明确指出，世情、国情、党情的深刻变化对党的建设提出了新的要求，党面临的执政考验、改革开放考验、市场经济考验、外部环境考验是长期的、复杂的、严峻的，落实党要管党、从严治党的任务比过去任何时候都更为繁重和紧迫。值得注意的是，在党的十八大、十九大、二十大报告中，习近平总书记均强调，我们要深刻认识党面临的"四大考验"。"四大考验"是不以人的意志为转移的，不管你承不承认，它都是客观存在的。而且，"四大考验"具有以下特征。一是长期性。"四大考验"是长期存在的。习近平总书记在党的二十大报告中强调，经过党的十八大以来全面从严治党，我们解决了党内许多突出问题，但党面临的执政考验、改革开放考验、市场经济考验、外部环境考验将长期存在。党要巩固长期执政地位，就必须深刻认识"四大考验"的长期性，时时刻刻保持高度警惕。二是复杂性。"四大考验"不是单独考验初心和使命，而是相互交织，共同考验初心和使命。所以，"四大考验"的考验不是单数，而是复数，极具复杂性。三是严峻性。我国改革发展稳定面临不少深层次矛盾躲不开、绕不过，党的建设特别是党风廉政建设和反腐败斗争面临不少顽固性、多发性问题，来自外部的打压遏制随时可能升级。"四大考验"考验着党的初心和使命，如果党的建设稍有松弛、懈怠，党的执政安全就会面临风险。

　　执政考验时刻考验着初心和使命。中国共产党经过漫长的革命，付出了无数的牺牲才成为执政党。西方政党政客一般谈的是"100天内要怎样怎样"，中国共产党谈论的是"100年内要怎样怎样"。党要长期执政，必然面对因长期执政带来的系列考验，这些考验主要表现为：因为执政，所以存在权力的诱惑，权力是一把双刃剑，容易造成腐败，使党反腐败难度加大；因为执政，容易形成官僚主义、文牍主义、等级主义；因为执政，民众要求高，容易成为矛盾的焦点；因为执政，容易陷入事务主义，导致党政不分，难以做到党要管党。归根结底，长期执政考验时刻考验的是党的初心和使命。

民心决定国家命运，初心检验党能否长期执政。1991年，苏联并非无缘无故解体，而是有前兆的。苏联解体后，俄罗斯商界精英有60%以上是苏联时期的官员。据统计，1992—1993年俄罗斯100家最大私人企业，老板都是苏联时期的官员、国企领导人、国有银行领导者。苏联进行私有化改革时，一些政要借机损公肥私、化公为私，大肆鲸吞公有财产，这导致苏联几代人艰苦奋斗积累的财产瞬间化为少数人口袋里的财富。苏联解体前，有调查数据显示，85%的苏联人认为苏联共产党是代表官僚、干部、机关工作人员的利益。可见，苏联共产党已经不是民众的代表。苏联解体的根本原因是苏共党内出了问题，苏联共产党忘记了初心。

中国共产党经受执政考验的密码是坚守初心和使命。中国共产党没有自己的特殊利益，持续保持强大自主性，不受任何利益集团羁绊、左右。人民对美好生活的向往，就是我们党的奋斗目标。中国共产党始终坚持以人民为中心的发展理念，始终坚持立党为公、执政为民的本质要求，始终坚持民生优先，谋民生之利，解民生之忧，不断增进民生福祉，不断改善民生水平，不断满足人民对美好生活的向往。"得民心者得天下"，是千百年来不可抗拒的真理。以史为鉴，可以知兴替。追溯历史，唐太宗、明太祖能久安天下，创造一代盛世太平的繁荣景象，正是因为他们反对暴政，施行亲民、爱民政策。中国共产党一直践行"为人民服务""以人民为中心",一直拥有一颗永恒不变的为民初心,正是基于此,全面小康社会得以建成,全面社会主义现代化建设得以开启与持续推进。在中国革命和建设时期,毛泽东同志始终坚持从群众中来、到群众中去的道路。中国共产党彻底地为人民的利益而工作。党的十八大以来,以习近平同志为核心的党中央更是注重民生,提出了许多新的举措,从宏观到微观,从经济民生到法治民生,涵盖的内容十分广泛。民生建设更是与中华民族伟大复兴血脉相连。根据人民需求的多样化,民生建设踏上了新的征程。在党的十八大报告中,"人民"二字重千钧,关于民生的论述贯穿于多个部分、渗透在字里行间。党的十九大报告对民生事业的发展作出了明确的论述:"我国社会主要矛盾已经转化为人民日益增长的美好生活需要和不平衡不充分的发展之间的矛盾。"①新时代以来,党深入贯彻以人民为中心的发展思想,在幼有所育、学有所教、劳有所得、病有所医、老有所养、住有所居、弱有所扶上持续用力,人民生活全方位改善:人均预期寿命增长到78.2岁;居民人均可支配收入从16500元增加到35100元;城镇新增就业年均1300万人以上;建成世界上规模最大的教育体系、社会保障体系、医疗卫生体系,教育普及水平实现历史性跨越,基本养老保险覆盖104000万人,基本医疗保险参保率稳定在95%;改造棚户区住房4200多万套,改造农村危房2400多万户,城乡居民住房条件明显改善。人民群众获得感、幸福感、安全感更加充实、更有保障、更可持续,共同富裕取得新成效。透过党的历史长河,我们发现了不变的"影子"。无论当今世界局势如何变化,中国

---

①　习近平:《决胜全面建成小康社会 夺取新时代中国特色社会主义伟大胜利——在中国共产党第十九次全国代表大会上的报告》,《人民日报》2017年10月28日第1版。

式的发展如何变革，不变的永远是：急群众之所急，想群众之所想，忧群众之所忧。这些不变是党在发展壮大中永恒不变的初心。

改革开放考验时刻考验着初心和使命。改革开放是决定当代中国命运的关键抉择，是党和人民事业大踏步赶上时代的重要法宝。1978年，以党的十一届三中全会召开为标志，中国开启了改革开放的历史征程。改革开放取得了巨大的成就，同时也带来了一些问题和挑战。改革开放考验主要表现为：社会经济成分多样化冲击着党的执政基础；社会组织形式的多样化，使人们选择多样；就业方式多样化、生产方式和生活方式多样化，促进人们自主意识、竞争意识、效率意识、民主意识和权利意识觉醒，使得人们思想活动独立性、选择性、多变性和差异性增强；物质利益和分配方式多样化，使得群众自主性增强，对党依赖减弱。改革开放带来的诱惑，考验着党员干部的初心和使命。曾担任广东省海丰县委书记的王仲，是改革开放后第一个因贪污腐败被枪毙的县委书记，王仲案被称为"改革开放反腐第一案"。1979年秋，当地一个广播员给王家送了一台17英寸黑白电视机，其赴港探亲报告因此提早获批；不久，海丰县教师送给王仲一台彩电和一台收录机，该教师一家五口去港的要求亦顺利获批。自此王仲便一发不可收拾。当时，海丰县正处在打击走私贩私斗争高峰期，查缴的私货堆积如山，王仲借视察之机将大量缉私物品据为己有，再转卖。到1981年，王仲侵吞缉私物资、受贿索贿总金额达6.9万元，相当于当时一个普通干部100年的工资收入。作为海丰县的一把手，王仲的不法行为影响恶劣。沿海走私活动猖獗一时，一批干部被腐蚀，一些党的基层组织瘫痪，一些缉私工作人员执法犯法、监守自盗。改革开放，其实也是对领导干部的一个考验：是否经得住外界物质的诱惑，能不能坚守初心和使命。

　　市场经济考验时刻考验着初心和使命。市场经济具有双重特性：一方面，市场经济是推动生产力发展、促进社会整体财富积累的必由之路；另一方面，市场经济又是一种以个人对自身利益的追求作为基础的交换共同体。市场经济的两个起点是：每一个经济的个体都追求利润的最大化，每一个真实的个人都追求利益的最大化。正是这两个最大化进入市场经济运作，演绎出一部激烈竞争、效率至上的交响曲，从整体上形成推动市场经济不断发展的动力，形成了市场经济优胜劣汰的秩序，但它又会成为市场经济的阻力和破坏力，且考验着党员干部。市场经济考验主要表现为：一是导致部分党员干部只要钱，不要社会主义；二是导致部分党员干部只讲实惠，不讲理想。如何防止市场经济负面效应对党员干部的诱惑、对党的肌体的腐蚀，是党必须面对的问题。习近平总书记在"不忘初心、牢记使命"主题教育总结大会上指出，"古人说：'天下之难持者莫如心，天下之易染者莫如欲。'一旦有了'心中贼'，自我革命意志就会衰退。"①在长期执政条件下，在社会主义市场经济条件下，党更要防止自我革命意志的衰退，更要始终坚守初心和使命，努力营造和确保持续河清海晏的政治生态。

　　外部环境考验时刻考验着初心和使命。随着我国对外开放力度的加大，不断向纵深发展，党面临外部环境的考验越来越严峻。外部环境考验主要表现为：西方资本主义国家对我西化和分化的图谋未变。面对来自外部的政治、经济、社会、文化、外交、军事等方方面面的挑战，党的二十大报告指出，当前，世界百年未有之大变局加速演进，新一轮科技革命和产业变革深入发展，国际力量对比深刻调整，

① 习近平：《在"不忘初心、牢记使命"主题教育总结大会上的讲话》，《求是》2020年第 13 期。

我国发展面临新的战略机遇。同时，世纪疫情影响深远，逆全球化思潮抬头，单边主义、保护主义明显上升，世界经济复苏乏力，局部冲突和动荡频发，全球性问题加剧，世界进入新的动荡变革期。发展并非遵循某个预设的目标前行，也并非沿着某个"可能性隧道"生长，而是在不断分歧的目标和力量的共同作用下曲折地演绎。在百年未有之大变局、全球疫情、经济危机、气候灾害、大国摩擦等新兴不确定性风险与阶层不平等、区域发展不均衡、民族冲突等传统不确定性因素相互叠加下，人类社会陷入"深度不确定性"境遇。比如，中国遭遇的西方舆论战。西方对中国的一种长期战略，就是持续不断地对中国发动舆论战，通过舆论战消解中国在全球的正向影响力，毒化中国外交、贸易的国际环境，破坏中国的良好国际形象，千方百计阻挠中华民族伟大复兴的进程。杨洁篪在安克雷奇中美战略对话开场白中讲的一句话道出了中国人对美国认识的变化："以前我们把美国想得太好了！"确实如此，一直以来我们都认为美国会遵守起码的国际政治礼仪、道德操守、新闻真实性原则，当美国和西方在对华斗争中表现得如此肮脏和丑恶的时候，我们才如梦方醒，其实美国和西方在国际政治中一直都是如此。我们要敢于斗争、善于斗争，走出国际舆论困境，坚守国际舆论主权，掌控国际舆论主导权，这是中华民族伟大复兴的需要。

经受"四大考验"，确保党不变质、不变色、不变味。新征程上，我们不仅要始终坚持用党的百年奋斗重大成就和历史经验鼓舞斗志、指引方向，还要时刻谨记"我们党面临的最大风险是内部变质、变色、变味"①。确保党不变质、不变色、不变味，其实质是党的"本

---

① 习近平：《在党史学习教育动员大会上的讲话》，《求是》2021年第7期。

质""本色""本味"始终不变。

常补精神之"钙",确保党不变质。作为马克思主义政党,党的本质属性是先进性和纯洁性。党的百多年奋斗保持了党的先进性和纯洁性。永葆先进性和纯洁性是党的执政所依、生命所系,是党的建设的根本问题,贯穿于党的发展全过程。理想信念是共产党人的精神之"钙"。螺丝拧不紧,车轮会跑偏;思想蒙上尘,行动会跑偏;精神少了"钙",方向会跑偏。如同人体钙具有挥发性和流失的不可避免性,坚定理想信念也并非一劳永逸。常补精神之"钙",是党不变质的重要保证。首先,学习要常态化,将理想信念融入日常工作生活。各级党组织要建立健全理念信念教育常态化机制,推动学习往深里走、往实里走。其次,践行要持续化,将理想信念落实到实际行动中。行之力则知愈进,知之深则行愈达。各级党组织和党员干部要贯彻知行合一的实践方法论,以真知促真行,经常进行思想政治体检。

牢记初心使命,确保党不变色。红色是党的本色和底色。党员的本色就是永葆对党的赤诚之心、对人民的赤子之心,始终牢记和践行党的初心使命。百余年党史就是一部践行党的初心使命的历史。全党要牢记中国共产党是什么、要干什么这个根本问题,把握历史发展大势,坚定理想信念,牢记初心使命。加强制度保障,方能行稳致远。党的十九届四中全会把建立不忘初心、牢记使命的制度作为坚持和完善党的领导制度体系的第一任务,要求加强对党忠诚教育,传承红色基因。党员干部要把初心使命作为行为准则,对标党中央要求,对照先辈先烈和先进典型,不断去杂质、除病毒、防污染,在内心深处确实做到不变色、不褪色。善治病者,必医其受病之处;善救弊者,必塞其起弊之源。新征程上，开展以问题为导向的集中教育活动，是党永葆本色的重要法宝。

紧抓党性教育，确保党不变味。党的"本味"是党的宗旨、党的信仰、党的立场。我们党是人民的政党，党的这个"本味"要求一切以人民为中心，始终"把屁股端端地坐在老百姓的这一面"，是与人民血脉相连的"泥土味"。我们党是马克思主义政党，党的这个"本味"要求始终高举马克思主义旗帜，是与指导思想相连的"真理味"。加强党性教育，是确保党不变味的重要抓手。首先，要自觉践行群众路线，保持"泥土味"。党员干部要树立人民至上理念，把人民放在心中最高位置，始终与人民群众有福同享、有难同当，有盐同咸、无盐同淡；始终坚守人民立场，为民办实事，为民解难题，不断提高人民群众的获得感、幸福感和安全感。其次，要高举马克思主义旗帜，增强"真理味"。中国共产党为什么能，中国特色社会主义为什么好，归根到底是因为马克思主义行，是中国化时代化的马克思主义行。高举马克思主义旗帜，党员干部就要学好用好马克思主义经典著作，熟练掌握马克思主义立场、观点、方法，不断提高马克思主义理论素养。习近平新时代中国特色社会主义思想是当代中国马克思主义、21世纪马克思主义，广大党员干部要深入、系统学习习近平新时代中国特色社会主义思想，深刻理解其核心要义、精神实质、丰富内涵和实践要求，真正做到学通弄懂，做到学以致用，做到学用结合。

五、"四种危险"是忘却初心使命的危险

生于忧患，死于安乐。党的二十大报告指出，我国发展进入战略机遇和风险挑战并存、不确定难预料因素增多的时期，各种"黑天鹅""灰犀牛"事件随时可能发生。我们必须增强忧患意识，坚持底线思维，做到居安思危、未雨绸缪，准备经受风高浪急甚至惊涛骇浪的重大考验。2011年7月1日在庆祝中国共产党成立90周年大会上，胡锦涛同志首次提出我们党所面临的"四种危险"，即精神懈怠危险、能力不足危险、脱离群众危险、消极腐败危险。值得注意的是，在党的十八大、十九大、二十大报告中，习近平总书记均强调，我们要深刻认识党面临的"四种危险"。党面临的"四种危险"将长期存在，管党治党一刻也不能放松，决不能有松劲歇脚、疲劳厌战的情绪，更不能有降调变调的错误期待。一言以蔽之，"四种危险"就是忘却初心使命的危险。

高度警惕精神懈怠危险。精神懈怠的危险位于"四种危险"之首，因为它是无处不在、无时不有的危险，是潜移默化、不知不觉的危险，是会滋生蔓延、相互传染的危险，是一发不可收拾的危险。精神属于意识范畴，是看不见摸不着的，精神懈怠容易被忽略。精神懈怠会让一个党员干部成为"温水中的青蛙"，在不知不觉中走向危险境地。精神懈怠容易消减党员干部干事创业、持续奋斗的劲头。精神懈怠具有上行下效的示范效应。吴王好剑客，百姓多创瘢；楚王好细腰，宫中多饿死。领导干部的精神懈怠会直接影响部属和下级。

"躺平式干部"是精神懈怠的体现。在2023年的春节联欢晚会小品《坑》中，有一名"不担当不作为、不肯干也不敢干、卷起袖子在一边看"的"躺平式干部"，一时成为热议话题。现实中仍有少数干部不主动担当作为，缺乏信心与斗志，面对任务左躲右闪，被群众称为"躺平式干部"。如东北某市直属机关老干部管理服务中心原主任在被调整到服务中心后，就自认为退居"二线岗位"不用继续努力，学习教育请假缺席，重要会议副职代劳，政策落实不闻不问，最终放松警惕滑向腐败深渊。"躺平式干部"做不得，这是典型的精神懈怠危险。

能力不足危险不能忘却。百余年来，中国共产党正是靠不断提高自身的能力水平，成为一个本领高强的马克思主义政党，从而确保党始终走在时代前列，团结带领全国人民取得一个又一个伟大胜利。但是，能力的培养与提高从来都不是一蹴而就、一劳永逸的。中国特色社会主义进入新时代，意味着我国发展处于新的历史方位，也对党的能力建设提出了新的更高的要求。新时代新征程，党面临新的情况、新的形势、新的问题、新的风险等，迫切要求党员干部能力跟得上。当前，能力不足的表现有：一是一些党员干部尚未充分认识到国内外形势已发生深刻变化，仍满足于过去所取得的成绩，对风险挑战的研判能力明显不足，看不透形形色色现象背后的规律和趋势，在错综复杂的形势面前一筹莫展、无所作为，有时甚至自乱阵脚、迷失方向。对于这些党员干部来说，提高形势预判能力已成为一个紧迫课题。要引导他们认清国内国际形势、把握经济社会发展规律，善于拨云见日，学会观大势、谋大事。二是统筹协调能力跟不上。一些党员干部特别是领导干部缺乏统筹兼顾、注重平衡、多方协调的意识和能力,统筹国内国际两个大局、统筹城乡发展、统筹人和自然关系、统筹改革发展稳定关系的能力明显不足。有的习惯于用单一思维看问题,看不到事物之间的内在联系,头痛医头、脚痛医脚的情况不时出现;有的眉毛胡子一把抓,开展工作找不到症结、抓不住重点。三是驾驭风险能力跟不上。一些党员干部内外兼顾、趋利避害的能力,化危为机、开创新局的能力,把握方向、规避风险的能力都还不足。有的身体已进入21世纪,而脑袋还停留在过去,不能与时俱进地分析风险、应对挑战;有的不能掌握应对复杂形势的主动权,面对突发情况容易陷入被动,甚至掉入别人精心设置的陷阱。四是把握机遇能力跟不上。有些党员干部反应迟缓,缺乏抢抓机遇的主动性和精气神。有的只看到前进道路上的困难和挑战,看不到祸福相依、危中有机;有的不善于通过学习和实践提高抢抓机遇的能力,不时出现少知而迷、不知而盲、无知而乱的情况。五是改革创新能力跟不上。在激烈的国际竞争中,唯创新者进,唯创新者强,唯创新者胜。但是,面对改革创新的时代大潮,有的党员、干部受落后思想观念束缚,不敢打破条条框框和陈规陋习;有的缺乏改革创新的主观能动性,不想改、不善改的情况仍不同程度地存在。面对难啃的"硬骨头",一些党员干部缺乏锐意进取的精气神,存在本领恐慌。六是狠抓落实能力跟不上。"以实则治,以文则不治。"①然而,一些党员干部喜欢搞形式主义,图虚名、务虚功,不愿扑下身子、一抓到底。还有的党员干部虽然学历高、接受新事物快,但实战能力差,应对复杂局面和突发事态的经验不足。七是社会

---

① 唐甄:《潜书》,中华书局1955年版,第116页。

治理能力跟不上。习近平总书记指出，社会治理是一门科学，管得太死，一潭死水不行；管得太松，波涛汹涌也不行。要讲究辩证法，处理好活力和秩序的关系。一个好的社会，既要充满活力，又要和谐有序。相比之下，一些基层党员干部没有实现理念转变、能力提升，还在用老办法解决新问题。有的不会构建多元化的纠纷解决机制，导致潜在的矛盾隐患难以及时发现，即使发现了也不能及时化解；有的不会运用系统治理、源头治理、综合施策的方法，导致原有矛盾没有解决又产生了新矛盾。

化解能力不足危险，加强学习为先。能力不足即毛泽东同志所说的"本领恐慌"。今天，本领恐慌在我们党内依然存在。要解决当前经济社会发展过程中的各种实际问题，光有一腔热血还远远不够，还要具备相当的能力。各级党员干部要加强学习，只有站在改革前沿，掌握最新的理论成果和实践经验，自我净化、自我完善、自我革新、自我提高，才能不断把握新形势、解决新问题。

脱离群众危险是最大危险。人民立场是马克思主义政党的基本立场。密切联系群众是党的最大政治优势，脱离群众是最大危险，党员干部要坚决防范脱离群众的危险，必须始终坚持以人民为中心，强化为人民服务意识，思想上树立群众观点，行动上站稳群众立场，工作上践行群众路线。水能载舟，亦能覆舟。要时刻把人民放在心中最高位置，尊重人民主体地位，尊重人民首创精神，拜人民为师，把政治智慧的增长、执政本领的增强深深扎根于人民的创造性实践之中。当下，脱离群众的表现呈现新的形式：一是联系服务能力不足，"怕"见群众。一些干部因不善于与群众打交道，对"见群众"表现出畏难情绪。例如，有些干部解决问题能力不足，对于群众的实际困难和问题束手无策，开展工作消极被动。鉴于此，一些基层干部宁愿坐在办公室"遥控指挥"，以"上网"代替"下基层"，以逃避自己面对群众"不会说、不敢说、说不好"的本领恐慌。二是"指尖上的形式主义"滋生，"懒"见群众。在"互联网＋政务"推进过程中，一些政务信息化手段却逐渐变味变样，沦为"指尖上的形式主义"。三是政绩考核观念跑偏，"烦"见群众。随着数字政府建设推进，上级对下级的督查考核也开始向数字化转型，而一些基层干部却因此出现政绩观偏差，开展工作时"目光朝上不朝下"。如此种种，基层干部只将群众当作开展工作的手段，而不是服务对象。

化解脱离群众危险，血肉联系为先。脱离群众是我们党执政后的最大危险，表现为思想上淡忘群众、生活上冷漠群众、工作上远离群众。更有个别党员干部，在所谓"官场潜规则"浸染下，只怕上级批评，不怕群众反对，疏远了和人民群众的血肉联系。各级党员干部应经常深入实际、深入群众、深入基层，把工作重心下移，急民众之急，帮民众之需。

警惕消极腐败危险盛行。长期以来，反腐败一直都是我们党和国家的一项重要任务。但是，相对而言，我们的反腐败工作重心一直都放在"积极腐败"上，即针对那些明显触犯法律规范的贪污贿赂型腐败犯罪行为，而对"消极腐败"却没有给予足够的重视。实际上，与"积极腐败"相比，"消极腐败"所造成的危害毫不逊色。近些年来，"消极腐败"的主要表现为：一方面，部门利益膨胀。所谓"部门利益膨胀"，是指行政部门偏离公共利益导向，追求部门局部利益，变相实现小团体或少数领导个人的利益，其实质就是"权力衙门化"与"衙门权力利益化"，即某些部门竭力使部门利益最大化。另一方面，形式主义、官僚主义比较严重。经过近几年的持续努力，形式主义、官僚主义的生存空间被大大挤压，广大党员干部真抓实干的劲头不断增强。但也要看到，一些党员干部身上形式主义、官僚主义问题依然突出。有的抓理论学习不深不透，理解不够到位，自以为学了就是懂了，讲过就是落实了，重"痕"不重"绩"、留"迹"不留"心"；有的以为抓工作落实就是层层发文、层层开会，贯彻党中央决策部署"依葫芦画瓢"，搞"上下一般粗"；有的热衷于同下级单位签责任状，将责任下移，把压实责任变成"击鼓传花"。习近平总书记强调，要坚决杜绝形形色色的形式主义、官僚主义，持续为基层松绑减负，让干部有更多时间和精力抓落实，并要求把力戒形式主义、官僚主义纳入不忘初心、牢记使命的制度，建立健全理论学习、检视问题、抓实整改的长效机制。中共中央办公厅先后印发《关于解决形式主义突出问题为基层减负的通知》《关于持续解决困扰基层的形式主义问题为决胜全面建成小康社会提供坚强作风保证的通知》，为解决困扰基层的形式主义问题、激励干部担当作为指明了方向、提供了举措。

化解消极腐败危险，反腐倡廉为先。"消极腐败"是我们党自成立以来就十分重视的问题。坚决惩治和有效预防腐败，关系人心向背和党的生死存亡。解决腐败问题一方面需要党员干部个人修养的提高，另一方面还需要制度的不断完善。只有不断深化改革，确保决策权、执行权、监督权既相互制约又相互协调，才能从根源上遏制腐败，同时让权力在阳光下运行，只有这样，方可让腐败无处遁形、无处滋生。

六、把制度建设摆到更加突出的位置

"靡不有初，鲜克有终。"初心不会自然保质保鲜，使命须臾不可忘记。制度建设是对大党独有难题的持续发力，通过构建系统完备、科学规范、运行有效的制度体系，以久久为功的韧劲破解大党独有难题，做到始终不忘初心、牢记使命。制度建设是最可靠、最有效、最持久的管党治党方式，是破解大党独有难题的保障路径。党的二十大报告中"制度"一词出现94次。小智治事，大智治制。大党独有难题是党的建设面临的深层次问题和突出问题。鉴于此，破解大党独有难题，必须从长计议，把制度建设摆在更加突出位置，推动党的制度更加成熟更加定型。

制度建设是解决问题、难题的关键钥匙。邓小平同志指出："我们过去发生的各种错误，固然与某些领导人的思想、作风有关，但是组织制度、工作制度方面的问题更重要。"[①]他还指出，改革现行制度中的弊端，既要解决思想问题，又要解决制度问题，归根结底必须从根本上改变那些不合理的制度。改革开放后，邓小平同志重点强调，从制度上建党是建立社会主义市场经济体制的需要。社会主义市场经济体制的法制性、自主性、趋利性，要求完善党的领导制度、规范党的生活制度、严格党的组织制度。习近平总书记指出，制度优势是一个政党、一个国家的最大优势。党的十九届四中全会把建立不忘初心、牢记使命的制度作为坚持和完善党的领导制度体系的第一任务，这是确保我们党在新时代新征程始终充满蓬勃生机和旺盛活力的战略之举、长远之计。实现中华民族伟大复兴，必须以先进制度为保

---

① 《邓小平文选》（第二卷），人民出版社1994年版，第333页。

障。制度属于上层建筑的范畴，一个国家的制度决定于这个国家的经济基础，同时又反作用于这个国家的经济基础。习近平同志强调，我们党立志于中华民族千秋伟业，不仅要保持中国特色社会主义制度和国家治理体系的稳定性和延续性，而且要不断增强其发展性和创新性，推动中国特色社会主义制度更加成熟更加定型，为确保中国特色社会主义事业长盛不衰、实现中华民族伟大复兴提供牢靠而持久的制度保证。

中国共产党历来高度重视制度建设。改革开放以来，我们党开始从全新的角度思考国家治理体系问题，强调领导制度、组织制度问题更带有根本性、全局性、稳定性和长期性。1992年，邓小平同志指出："恐怕再有三十年的时间，我们才会在各方面形成一整套更加成熟、更加定型的制度。"①随着实践的不断发展，我们党对中国特色社会主义制度的认识进一步深化。党的十八大以来，以习近平同志为核心的党中央把制度建设摆到更加突出的位置，深刻认识到中国特色社会主义制度优势需要转化为国家治理效能，通过国家治理效能来彰显。习近平总书记强调，国家治理体系和治理能力是一个国家的制度和制度执行能力的集中体现。党的十九届四中全会审议通过的《中共中央关于坚持和完善中国特色社会主义制度、推进国家治理体系和治理能力现代化若干重大问题的决定》全面回答了在我国国家制度和国家治理体系上应该"坚持和巩固什么、完善和发展什么"这个重大政治问题，必将对推动各方面制度更加成熟更加定型、把我国制度优势更好转化为国家治理效能产生重大而深远的影响。经过长期努力，我国形成了支撑中国特色社会主义制度的根本

① 《邓小平文选》（第三卷），人民出版社1993年版，第372页。

制度、基本制度、重要制度。

始终不忘初心、牢记使命，要在制度建设上下功夫。不断健全完善不忘初心、牢记使命制度。习近平总书记强调，通过健全制度、完善机制，使"不忘初心、牢记使命"这个党的建设的永恒课题、党员干部的终身课题常抓常新。有了良好的制度，如果不抓落实，只是写在纸上、挂在墙上，制度就会成为纸老虎。党的十八大以来，党中央把制度建设贯穿新时代党的建设各方面，完善党内法规制定体制，全方位、立体式推进党内法规制度建设，形成以党章为根本，以民主集中制为核心，以党的组织法规、党的领导法规、党的自身建设法规、党的监督保障法规为框架的制度体系。新时代以来，是党的历史上制度成果最丰硕、制度笼子最严密、制度执行最严格的时期，制度建设已成为"中国共产党之治"的独特密码。今后，破解大党独有难题，要推进制度供给侧结构性改革。在制度建设上，空白缺位的抓紧建立，不全面的尽快完善，成熟经验及时推广。

建立健全不忘初心、牢记使命制度，要在以下几个方面做文章。一是坚持以理论滋养初心、以理论引领使命。完善党委（党组）理论学习中心组学习、专题培训、集中轮训等制度。完善贯彻落实习近平总书记重要讲话、重要指示批示工作机制，推动学习贯彻习近平新时代中国特色社会主义思想往深里走、往实里走、往心里走，引导广大党员干部做习近平新时代中国特色社会主义思想的坚定信仰者和忠实实践者。二是用党的初心和使命感召人、引领人。健全党章学习教育制度，把党章规定落实到党的全部活动中。完善经常性党性教育机制，落实主题党日制度，完善重温入党誓词、党员过"政治生日"等政治仪式，就近就便用好红色资源、党性教育基地等，教育引导党员干部树立正确世界观、人生观、价值观。加强党史、新中国史、改革开放史、社会主义发展史教育，开展革命传统教育和形势政策教育，引导党员干部知史爱党、知史爱国。三是把党的初心和使命作为新时代共产党人的行为准则，以自我革命精神检视整改违背初心使命的各种问题。建立"政治体检"制度，组织党员干部经常同党中央要求"对标"，拿党章党规"扫描"，用人民群众新期待"透视"，同先辈先烈、先进典型"对照"，在思想上不断进行检视、剖析、反思，不断去杂质、除病毒、防污染。落实民主生活会和组织生活会、谈心谈话等制度，经常性地开展批评和自我批评，不断增强政治免疫力。要完善遵规守纪、廉洁从政的制度，教育督促党员干部知敬畏、存戒惧、守底线，保持共产党人清正廉洁的政治本色。四是把党的初心和使命落实到党的一切工作之中，脚踏实地把党的行动纲领、战略目标、工作蓝图变成美好现实。健全履职尽责、攻坚克难的机制，完善鼓励激励、容错纠错、能上能下机制，教育引导党员干部干事创业、担当作为，创造经得起实践、人民、历史检验的实绩。落实调查研究制度，把调查研究作为谋事之基、成事之道，贯穿工作谋划、决策和执行全过程。健全解决群众最急最忧最盼问题的工作机制，完善党员干部联系群众制度，坚持不懈为群众办实事、做好事、解难事，让人民群众获得感、幸福感、安全感更加充实、更有保障、更可持续。

第二章

如何始终统一思想、统一意志、统一行动

　　如何始终统一思想、统一意志、统一行动，是习近平总书记强调的大党独有难题的第二个难题。历史和现实都证明，只要全党步调一致、团结统一，我们就能无坚不摧，战胜一切艰难险阻。反之，党和国家事业就会遭遇挫折。新征程是充满光荣和梦想的远征，只有解决好这个难题，我们党才能够始终成为"一块坚硬的钢铁"，始终成为党和国家事业的坚强领导核心。

一、统一性：中华文明的长寿因子

众所周知，中华文明流传至今5000多年，是世界上唯一没有中断的文明，是人类当之无愧的长寿文明。为什么中华文明能够长寿？见仁见智的观点很多，其中非常重要的一点，就是中华文明具有长寿因子，即统一性。

第一，文字统一。在世界历史上，能够与古代中国相提并论的马其顿帝国、罗马帝国、阿拉伯帝国等都曾经显赫一时，但是分崩离析之后就再也没有雄起的机会。而差不多同时期的古代中国却在一次又一次分裂动乱之后回到统一的状态。为什么？不少人认为是汉字这一象形文字确保了中国的统一，这是很有道理的。

对于一个幅员辽阔的国家来说，因为彼此距离遥远、相互隔绝，各地区的人们连语言都不相通。语言不通的人们往往会演化出不同的文化，变成不同的民族。欧洲各国就是这样，罗马帝国灭亡后，法兰克帝国一度统一欧洲，但是9世纪瓦解后，欧洲就再也没有统一过。

当然，中国曾经也存在这种问题。各地方言土语差别很大，于是各自发展成大小不同的部落、民族或方国。但从秦始皇统一文字之后，所有的中国人，不管说的是什么方言，都使用同一种文字——象形文字，读音可以不一样，但字形一样。彼此听不懂话，但看得懂对方写的字，大家可以用文字交流。古代中国就这样一直没有分裂，历代王朝一个接一个走向衰败和灭亡，但中华民族却在发展壮大。这无疑得益于文字的统一。

第二，政治统一。即拥护中央权威、维护国家统一。历史上，秦朝、汉朝、隋朝、唐朝、元朝、明朝、清朝等王朝出现过的大一统盛况，无不以政治统一为显著标志。孔子有言："天下有道，则礼乐征伐自天子出；天下无道，则礼乐征伐自诸侯出。"①孟子认为"天无二日，民无二王"。荀子亦提出"一天下"的构想。韩非子认为"一栖两雄""一家二贵"是祸乱的原因。这些都是针对政治秩序大一统的表述。大一统不意味着社会的僵化，不意味着专制式的强求同一。在儒家看来，只有为政者行仁政，奉行王道，才可使天下一统。秦王行霸道、施暴政，虽一统天下却二世而亡。后世统治者引以为戒，推崇仁政。汉武帝听从董仲舒建议，以儒家思想为正统，真正实现了大一统理想。西汉时期，汉文帝广施仁政，以德孝治天下，开创了历史上有名的"文景之治"。隋文帝杨坚躬行节俭，励精图治，防御和招抚周边各族，创下"开皇之治"的盛世局面。儒家十分注重爱民、重民、富民、教民，引导人民敬天孝亲，忠君爱国，民族认同，国家认同。漫长的政治生活经验塑造了人民普遍的政治大一统意识，成为国家的治理导向。大一统偏重以天子为中心的统治秩序本身的正当性，超越了具体王朝的局限性。在3000年的历史长河中，政治大一统虽然屡遭倾覆，但都能够不断重建并继续发展，彰显出强大的生命力。正因为如此，中国总能在经历分裂之后再次走向统一。

第三，文化统一。即在价值观上实现认同，在思想文化上达至一统。中国地域广阔，不同地区的思想文化差异较大，但在思想文化多元的基础上，中国思想文化形成了以统一的文字为基础的海纳百川的

---

① 何晏、邢昺：《论语注疏》，北京大学出版社2000年版，第255页。

格局与气度，既有很强的差异性，又有很高的整合度。从汉武帝罢黜百家、把儒家思想确立为正统思想开始，历史上的统治者通过在全国推行儒家教化，普及孝悌忠信、礼义廉耻、仁爱和平的主流价值观念，不断提高民众的德性修养，儒家以兼容并蓄的特点不断吸纳新的思想、融合不同的文化，促进整个社会的和谐统一。清王朝作为少数民族入主中原，从顺治开始身体力行，采取以儒治国的方式，号召国民学习孔孟之道，习读儒家经典，这一系列举措使汉民族渐渐接纳清王朝的统治，满汉之间逐步在思想上达至认同，为"康乾盛世"奠定了基础。这种合于道的治国方法，使得中国历史上多次实现大一统的盛世局面。

第四，历史统一。即贯通历史、连接古今。古人说："灭人之国，必先去其史。"历史正当性是最大的政治正当性。自觉地在连绵不绝的历史之流中发挥承前启后作用，是大一统的题中应有之义。司马迁撰述《史记》，也是以大一统观念为指导，"通古今之变""究天人之际"，阐述了中华民族皆起源于共同的祖先黄帝，历五帝、三代，经秦、楚以至汉，代代相传，构成"本纪"，这是历史时间的"统"，也维系了天下空间的"统"。这就把当时人们所知道的世界及其历史，把全部的空间和时间整合成为一大整体，形成中国历史上第一部纪传体"通史"。从这个意义上说，"二十四史"充分彰显了中国古今历史大一统。

第五，民族和疆域统一。即形成民族共同体、疆域大统一。这样可带来长久和平，使大一统成为最大的政治之善。费孝通先生曾提出中华民族具有多元一体格局。中国在历史上就是一个多民族国家，不同民族共同创造了中华民族的历史，各民族逐渐在长期的交流融合中推动中华民族形成了多元一体的格局。据传说，最早的华夏民族由活动于黄河流域的的炎帝、黄帝以及活动于黄河中下游与长江中下游的蚩尤统领的九黎部落融合而成。据《汉书》，黄帝时期"百里之国万区"，那时仅较大的部落就有上万个；到了商代，有"方国"3000多个，西周初年的封国最多时约1800个。从周朝分封建国到秦始皇统一中国，更是统一的民族和文化形成的过程。春秋时代诸侯称霸，大大小小的诸侯国尚有数十个，经过相互并吞，战国时只剩下7个大国和若干小国。后来秦灭六国，中国第一次实现地域上空前的统一。两汉、两晋、南北朝和隋唐时期，汉族和周边少数民族不断融合，其后各朝代也是如此。汉族和少数民族的融合，有时是由于中原地区的文化向周边地区拓展，有时则是由于周边少数民族的势力向中原地区扩张而形成的。东汉时期，汉光武帝命班超出使西域，设置都护府；唐朝时期，唐太宗提出"盖德泽洽，则四夷可使如一家"，以开明的民族政策赢得了少数民族的拥护，被少数民族尊奉为"天可汗"；明太祖采取"因俗而治"的方法，通过"厚往薄来"、礼遇僧人教派、文化教育等方式推动汉藏人民的交流融合，确保了西藏地区的稳定发展。大一统是历史上王朝强盛的真实写照。中华人民共和国成立以后，在少数民族聚居地区实行民族区域自治制度，铸牢中华民族共同体意识，形成了中华民族大一统的格局。

正因为如此，大一统是中国最重要的政治传统和经验事实，是中华民族最基本的思维观念、生存延续方式和全方位的整合机制。国家的统一性贯穿于中华文明5000年的历史进程，成为中华文明生生不息的基因，也为中华文明的创新演变和中华民族的创新发展提供了强大活力。

从总体上说，中华民族大一统的格局是稳定的。尽管从秦汉开始中国曾经历从统一到分裂再到统一的历史循环，例如从秦、汉的统一到魏、晋、南北朝的分裂，再到隋、唐的统一，从五代、宋、辽、金、西夏的分裂，再到元、明、清的统一，但统一是中国历史发展的总趋势。具体到不同历史时期，中央与地方之间也存在着集权与分权的博弈、统一与分裂的斗争，但大一统理念深深根植于中华民族的血脉，追求和维护统一始终是中国历史的主线。在中国历史上，尽管农民起义不断，分裂割据乃至改朝换代也屡见不鲜，但国家并未因此而长期分裂，并且每一次分裂后的统一都不同程度地强化了国家大一统格局。即使在分裂、分治的情况下，任何一个王朝也无不想一统天下。无数史实表明，中原王朝可以灭亡，但以汉族为主体的中华民族从来没有在世界历史长河中消失；不管哪个政权兴起，都争先恐后地扛起中华文明的旗帜；统一天下就是功德，合天下于一者即王者。正是这种正统之争和统一天下的追求促进了华夷文化的融合和再造，促进了中原传统文化的丰富和发展。

近代以来，随着西方列强入侵，中国面临被瓜分豆剖以致亡国灭种的危险，根植于中国人骨子里的大一统思想越发显示出顽强的生命力。康有为的"大同世界"、孙中山的"天下为公"等都是对这种大一统思想的继承和发扬。中华人民共和国成立以来，毛泽东等老一辈革命家和历任领导人，都把国家完全统一、民族伟大复兴作为神圣的历史使命，这使得中华民族有着惊人的向心力和凝聚力，从中也可以找到中华文明未曾中断的答案。

当今世界，和平与发展依然是时代的主题，但是威胁和平与发展的因素日益多元，西方势力在经济上的贸易保护、技术上的阻挠封锁、军事上的穷兵黩武、外交上的挑拨离间、意识形态上的竭力渗透愈演愈烈。我国发展正处在改革开放的攻坚期和各种矛盾的凸显期，改革所引发的社会结构、利益格局、思想观念多样化复杂化特征日益明显，改革的复杂程度、敏感程度和艰巨程度前所未有。当代中国共产党人应对重大挑战、抵御重大风险、克服重大阻力、解决重大矛盾，更加需要维护党的集中统一和国家的全面统一。

二、团结和统一是马克思主义政党的生命

2021年2月20日，习近平总书记在党史学习教育动员大会上指出："旗帜鲜明讲政治、保证党的团结和集中统一是党的生命，也是我们党能成为百年大党、创造世纪伟业的关键所在。"①历史和现实都表明，党的团结和统一是党和国家前途命运所系，是全国各族人民根本利益所在，任何时候任何情况下都不能含糊和动摇。这是党的建设的一条重要规律。面对各种错综复杂的社会矛盾和风云变幻的国际形势，要更好地增进党的团结和统一，确保党始终总揽全局、协调各方，不断为强国建设、民族复兴不懈奋斗。

团结和统一是马克思主义政党的生命。保证党的团结和统一是马克思主义政党的本质属性。党的团结和统一不是简单的一团和气和内部平衡，而是建立在共同理想、政治纪律之上的有原则、高质量的团结。马克思主义政党以马克思主义作为自己的世界观，这是每个党员在观点、立场、方法上与党保持一致的基础，也是党员在政治上、组织上、行动上和党保持统一的基础。马克思、恩格斯高度重视党的团结和统一，认为只有克服党内的宗派主义、分裂主义和无政府主义等

---

① 《学党史悟思想办实事开新局 以优异成绩迎接建党一百周年》，《人民日报》2021年2月21日第1版。

严重危害党的团结和统一的不良思潮及思想倾向，无产阶级政党才能得到巩固和发展。马克思反复强调团结和联合的重要性，指出每个国家的工人运动的成功只能靠团结和联合的力量来保证。他在总结第一国际的经验时指出，一个基本原则是团结。如果我们能够在一切国家的一切工人中间牢牢地巩固这个富有生气的原则，我们就一定会达到我们所向往的伟大目标。响彻全球的《国际歌》的点睛之笔就是："团结起来，到明天，英特纳雄耐尔就一定要实现。"列宁指出，无产阶级之所以能够成为而且必然会成为不可战胜的力量，就是因为它根据马克思主义原则形成的思想一致是用组织的物质统一来巩固的，这个组织把千百万劳动者团结成一支工人阶级的大军。早在建党初期，列宁针对俄国革命运动中存在的涣散状态、无政府状态，强调必须在马克思主义的统一旗帜下团结起来，全力以赴地建立一个巩固的党。这表明，党的团结和统一，是共产党人干事创业、取得共产主义事业胜利的关键因素。

坚持团结和统一，取得了新民主主义革命的胜利。"军民团结如一人，试看天下谁能敌。"坚持党的团结统一，既是我们党克敌制胜的有效法宝，也是党的重大建党原则。在马克思主义的指导下，在中华民族优秀传统文化的滋养下，我们党自诞生以来，就把团结统一作为发展壮大的重要法宝和制胜密码。建党初期，我们党就将民主集中制作为党的组织原则。党的二大通过的党章规定，全国大会及中央执行委员会之议决，本党党员皆须绝对服从之。1935年遵义会议后，特别是挫败张国焘分裂党的图谋后，党中央更加强调集中统一领导，从而确保红军胜利到达陕北。全面抗战爆发后，中国共产党及时发表了《为抗日救国告全体同胞书》，以团结进步为主题，呼吁全国人民都应该团结起来，停止内战，一致抗日。同时，与王明关于"一切经过统一战线""一切服从统一战线"的错误主张作坚决的斗争。1938年，党的六届六中全会将"个人服从组织、少数服从多数、下级服从上级、全党服从中央"确定为民主集中制的基本原则。在延安整风运动中，毛泽东曾就反对宗派主义以实现党内团结提出了明确的要求。对内的宗派主义倾向产生排内性，妨碍党内的统一和团结，对外的宗派主义倾向产生排外性，妨碍党团结全国人民的事业。铲除这两方面的祸根，才能使党在团结全党同志和团结全国人民的伟大事业中畅行无阻。在党的七大预备会议上，他又有针对性地强调：我们大会的方针是什么呢？应该是：团结一致，争取胜利。《关于若干历史问题的决议》和党的七大的胜利召开，为建立新民主主义的新中国制定了正确的路线、方针和政策，使全党在思想上、政治上、组织上达到空前的统一和团结。

坚持团结和统一，开启社会主义革命和建设新探索。为增强党员干部对团结的重要性的认识，防止骄傲情绪和夸大个人作用的倾向在党内滋生蔓延，1954年，党的七届四中全会讨论并通过了毛泽东起草的《关于增强党的团结的决议》。决议明确指出：党的团结必须是也只能是在马克思列宁主义基础上的团结。1956年，党的八大第一次把"团结和统一"写进党章并指出：党的团结和统一，是党的生命，是党的力量所在。经常注意维护党的团结，巩固党的统一，是每一个党员的神圣职责。又强调，在党内不容许有违反党的政治路线和组织原则的行为，不容许有分裂党、进行小组织活动、向党闹独立性、把个人放在党的集体之上的行为。1957年，毛泽东进一步强调指出：国家的统一，人民的团结，国内各民族人民的团结，这是我们事业必定要胜利的基本保证，而要做到这一切没有党的自身团结统一是不可想象的。《关于建国以来党的若干历史问题的决议》指出，党的团结，党同人民的团结，是进行社会主义现代化建设、夺取新的胜利的根本保证。只要全党紧密地团结一致，并且同人民群众紧密地团结一致，那么，我们党和党所领导的社会主义事业虽然还会遇到这样那样的困难，但总的趋势必然会日益兴旺发达。依靠党的团结和统一，党带领人民取得了社会主义革命和社会主义建设的伟大成就。

坚持团结和统一，开创了改革开放和社会主义现代化建设新局面。1978年12月13日，邓小平同志发表《解放思想，实事求是，团结一致向前看》的讲话，又一次从迷雾中拨正了历史巨轮的航向，奏响了拨乱反正和改革开放进行社会主义现代化建设的序曲。邓小平同志指出：（十一届）三中全会就要求安定团结，就要求在安定团结的基础上进行社会主义现代化建设。这是全国人民的最大利益。党的十一届五中全会制定《关于党内政治生活的若干准则》，为恢复和发扬党的优良传统和作风，健全党的民主生活，维护党的集中统一，增强党的团结奠定了制度基础。党的十一届六中全会通过了《关于建国以来党的若干历史问题的决议》，对于当时恢复和健全党内民主、维护党的集中统一、严肃党的纪律、促进党的团结，确保全党、全军、全国各族人民紧密团结在党中央周围发挥了重要历史作用。党的十二届二中全会通过的《中共中央关于整党的决定》，向全党提出了"在政治上同中央保持一致"的根本要求。这些重大决策确保了中国特色社会主义新时期的顺利开局。党的十六大提出党的团结和党内民主是党的生命，明确党和国家的团结统一是全党全国各族人民的根本利益。党中央制定了中央工作相关制度，规定了中央政治局、中央政治局常委会、中央书记处的工作规则，完善了中央和地方的关系，实现了总揽全局、协调各方的管理格局。党的十六届四中全会指出：提高党的执政能力，完成执政兴国的历史重任，必须加强全党的团结，加强党同人民的团结，加强全国各族人民的团结。

党的团结和统一迎来了中国特色社会主义新时代。党的十八大以来，针对党的建设的宽松软及严重破坏党的团结和集中统一的问题，党中央坚持党要管党、全面从严治党，用铁的纪律维护党的团结统一，增强全党"四个意识"、做到"两个维护"，把坚持党中央集中统一领导贯穿于党的领导和党的建设各方面、全过程，严明党的政治纪律和政治规矩，坚决防止和反对个人主义、分散主义、自由主义、本位主义、好人主义，坚决防止和反对宗派主义、圈子文化、码头文化，坚决反对搞两面派、做两面人，党内政治生活气象更新，政治生态明显好转，党的团结和统一更加巩固。特别是全党紧锣密鼓地开展党的群众路线教育实践活动、"三严三实"专题教育、"两学一做"学习教育、党史学习教育、学习贯彻习近平新时代中国特色社会主义思想主题教育，其目的和着眼点都是解决党内存在的一些影响党的团结统一的问题。同时，党中央坚持制度治党，先后颁布实施了《中国共产党廉洁自律准则》《中国共产党纪律处分条例》等制度，先后通过了《关于新形势下党内政治生活的若干准则》《中国共产党党内监督条例》等规定，完善坚定维护党中央权威和集中统一领导的各项制度，健全党中央对重大工作的领导体制，以统一的意志和行动维护党的团结统一，不断增强党的政治领导力、思想引领力、群众组织力、社会号召力。

党的团结和统一是强国建设、民族复兴的重要保障。当今世界正经历百年未有之大变局，我国发展面临的国内外环境发生深刻复杂变化。我们所要创造的世纪伟业，面临着越来越多的风险与挑战，这给团结和统一带来了挑战，也提出了新的更高的要求。从国际上看，一些敌对势力企图使我们党分崩离析，使党和人民离心离德，处心积虑破坏中华民族伟大复兴的历史进程。从国内看,我国经济发展面临需求收缩、供给冲击、预期转弱三重压力,形势更趋复杂严峻;利益格局和社会结构发生重大调整,人们的思想观念、价值取向和利益诉求日益多样化,凝聚共识、协调行动的难度进一步加大;资源配置方式和组织管理模式发生重大改变,越来越多的单位人变成社会人,对组织的依赖感和归属感受到较大冲击。从党内看,全面从严治党已经取得卓著成效,但党的建设还存在不少薄弱环节,党内存在的思想不纯、组织不纯、作风不纯等突出问题尚未得到根本解决;党员队伍构成发生重大变化,50岁以下的党员占一半以上,许多年轻党员没有经历过严格政治生活的锻炼和重大政治风浪的考验。只有保证党的团结统一,团结一切可以团结的力量,促进政党关系、民族关系、宗教关系、阶层关系、海内外同胞关系和谐,最大限度凝聚起共同奋斗的力量,才能更好地统筹国内国际两个大局,办好发展与安全两件大事,在危机中育先机、于变局中开新局,有效应对国际风云,确保我国总体安全,确保经济长期向好的基本面不会改变,以高水平开放促进深层次改革、推动高质量发展,以中国式现代化实现中华民族伟大复兴。

三、莫忘苏联共产党垮台的惨痛教训

习近平总书记总结苏联共产党因主动放弃民主集中制这一制度优势导致亡党亡国的惨痛教训时指出,坚持民主集中制是保证党的创造力、凝聚力、战斗力,保证党的团结统一的重要法宝。

民主集中制是马克思主义政党区别于其他政党的根本标志,是马克思主义政党根本的组织原则和领导制度。这一原则的核心思想是马克思和恩格斯在创立共产主义者同盟和第一国际时期奠定的。列宁在创立俄国布尔什维克党和领导十月革命的过程中发展了马克思和恩格斯的民主集中制思想，明确提出了"民主集中制"这一科学概念，并系统论述了民主集中制的基本原则，为苏联共产党早期的发展壮大提供了制度保障。但作为民主集中制的首倡者，苏联共产党后来是怎样放弃这一原则的呢？这又给马克思主义政党留下怎样的教训呢？

其一，民主集中制是民主和集中的辩证统一体，顾此失彼必然破坏党的团结和统一。民主集中制包括民主和集中两个方面，民主是指党员民主权利的有效保障，以及党员、党组织积极性和创造性的充分发挥；集中是指全党组织、意志、智慧和行动的统一。民主集中制不是简单的"民主＋集中"，也不是先民主后集中的简单程序，而是民主与集中的辩证统一，是广泛民主基础上的正确集中和高水平集中指导下的民主的有机融合。民主是集中的前提、基础和条件，没有民主就无法实现正确的集中；集中是实行民主的保证和结果，离开了集中，民主就失去方向和依托。集中是民主的指导，只有通过正确的集中，才能及时概括提炼分散的真知灼见，澄清纠正各种错误认识。如果没有正确的集中，民主就会变成无政府主义，不仅民主自身的价值无法实现，而且会对党和人民的事业造成严重损害。可以说，民主是集中的活力之源，集中是民主的力量保证，两者相互保障、相互促进、高度统一。贯彻民主集中制，既要充分发扬民主，防止一言堂甚至家长制，又要善于正确地集中，集中集体智慧，避免议而不决。唯有如此，才能造就又有集中又有民主、又有纪律又有自由、又有统一意志又有个人心情舒畅生动活泼的政治局面，使民主集中的过程真正变成集思广益、群策群力的过程，统一思想、凝聚共识的过程，大团结大统一的过程。

列宁将民主集中制确立为共产党的组织原则后，这一原则在世界各国共产党的建设中发挥了重要作用。俄国社会民主工党（布）在只有几十万党员的情况下能够领导俄国人民取得十月社会主义革命的胜利，并成功抵御帝国主义势力的武装干涉，全联盟共产党（布）在只有几百万党员的情况下能够领导苏联人民取得第二次世界大战反法西斯战争的胜利，并成功捍卫社会主义，都与其实行的民主集中制分不开。民主集中制使共产党产生了强大力量。这种力量无坚不摧，无往而不胜。

民主集中制作为党和国家的根本制度，其存废及执行的好坏，直接关系党和国家的前途命运。不可否认，在一段时间内，社会主义国家在推进民主政治进程中、在民主集中制执行上确实存在邓小平同志所说的"离开民主讲集中，民主太少"的情况，存在破坏民主集中制统一性的问题。

在十月革命后，由于受当时所处环境的限制，列宁不得不比较多地强调民主集中制的集中方面，并采取一些确保集中制的临时性措施。比如干部委任制，中央委员会有开除中央委员的权力，等等。这些临时性措施是十分必要的，但也带来十分严重的后果，即权力高度集中助长了党内官僚主义倾向的发展。尽管列宁和苏联共产党已经察觉到官僚主义的严重性，但认为官僚主义的产生是因为大量使用旧官吏和受小生产意识的影响，所以采用加强集中制的办法解决官僚主义的问题。结果，使民主受到进一步限制，出现官僚主义不断发展的恶性循环，以至成为后来斯大林无限扩大集中制的理由。可以说，这是苏联共产党建党思想的一大缺陷。客观地讲，斯大林的过错在于把列宁的临时性措施当作制度继承和固定下来。比如，当时列宁从尽快接管地方政权考虑，不得不采取干部委任制，而斯大林则把委任制作为任用干部的唯一方式；再比如，列宁强调以马克思主义为基础的思想统一，斯大林则强调不允许党员对党的现行政策有不同的看法。这样，党内的不同观点"销声匿迹"，党内民主也就不存在了。高度集中的结果便是高度集权，而高度集权必然产生个人专断。到戈尔巴乔夫时期，认为党内无民主是由于党内存在一个障碍性机制，要给党员充分的民主，就要在党内实行公开性的民主，从而在民主问题上犯了激进主义的错误，导致党的集中制受到严重破坏，结果丧失了中央权威和集中统一领导，使党陷入分裂的境地。

其二，民主集中制是正确处理党内关系和矛盾的基本原则，放弃这一原则必然引起党内混乱甚至分裂。十月革命胜利后，苏联共产党党内存在派别活动、意见不统一的问题，并发生了激烈的争论。当时，工人反对派和民主集中派的观点严重影响党内团结，在党内产生了消极情绪。派别活动危害党内关系，对党内团结产生极大干扰。列宁通过召开俄共（布）第十次代表大会，主持制定《关于党的统一》，采取实际的组织措施，化解党内分歧，使布尔什维克党免于分裂而保全了统一。在与孟什维克、反对派的争论中，列宁一直认为消除分歧、实现党内团结统一和发挥党内民主密不可分，在党内实行民主能够有效地团结好党内成员，把他们凝聚成比钢铁还要坚强的力量。

遗憾的是，列宁去世后，斯大林没有按照列宁的思路探索下去。他在党内已不存在派别活动的情况下，把不同意见的人视为反对派，用处理反对派的办法对待他们，党内斗争开始采用"残酷斗争、无情打击"的手段。国家安全部门如"契卡"等由对敌转向对内，被用来参与党内斗争，后来发展为"大清洗"运动，社会主义法制遭到严重破坏。据苏联官方提供的数字，在"大清洗"高潮的1937—1938年，被逮捕的有314万余人，按反革命等罪判刑的有134万余人，其中被枪毙的有68万余人，其中属于政治迫害的至少有250万人。这种情况下，党内毫无民主可言，人们要么选择沉默，要么以吹捧、赞扬党和国家最高领导人为能事，党的团结受到极大伤害。

赫鲁晓夫"捅娄子"式的做法更是把党的团结统一抛诸脑后。在苏联共产党二十大上，赫鲁晓夫抛出一个全盘否定斯大林的秘密报告，批判斯大林的个人崇拜，指出其独裁专断的错误，谴责斯大林做了许多专横的事，把斯大林个人的不良品质归纳为任性、专横、傲慢、滥用职权、病态的猜疑、自我吹嘘和缺乏最基本的谦虚精神等，甚至对斯大林使用了"人民的敌人"这个概念。这种做法无异于"扔刀子"。后来，勃列日涅夫竟然通过政变的方式把赫鲁晓夫赶下台。这种全面否定前任领导人的做法，完全背离了马克思主义的团结统一原则，在世界社会主义阵营产生了地震般的负面影响，严重损害了苏联共产党和苏联的形象，引起苏联国内和国际共产主义阵营的思想混乱，掀起了苏联历史上第一次历史虚无主义浪潮，为后来苏联共产党垮台、苏联解体种下祸根。

其三，民主集中制是实现科学决策的有效途径，离开这一途径必然造成党的决策失误和党的形象受损。在市场经济条件下，党要作出正确的决策，不能单靠某个人或少数人的能力和经验，而是要通过健全的民主集中制来集中全党和全民智慧，以形成正确的决策。民主集中制能够集中党内多数同志的正确意见，充分发扬党内民主，对修正决策偏差和反馈决策信息等具有重要作用，有利于正确决策的形成。

列宁认为，党的任务是对所有国家机关的工作进行总的领导，而不是进行过分频繁的、不正常的、往往是对细节的干涉。这说明列宁很重视党的决策作用。党做到决策正确，列宁是用民主制作保证的，如处理党政关系问题、党的权力监督问题等。

列宁去世以后，斯大林开始还能贯彻和执行列宁政治遗嘱中的集体领导原则，党内的言论比较自由，党内的民主生活气息也比较浓厚。随着苏联国内局势的稳定和社会经济的快速发展，斯大林的威望逐步上升，党内的民主也开始遭到破坏，个人集权愈演愈烈。这种集权体制，在政治领域主要表现为以党代政、干部职务实行委任制和终身制、削弱监察委员会权力，在经济领域主要表现为实行指令性的计划经济、建立单一的生产资料公有制体制、开展农业全盘集体化运动，在文化领域主要表现为建立高度行政化的文化决策执行体制、实行简单公式化的文化管理模式、营造个人崇拜的文化氛围。客观地说，集权体制在当时巩固了苏维埃国家政权，在一定程度上加速了社会主义工业化，也为卫国战争的胜利奠定了坚实物质基础。但集权体制在凯歌声中日益固化、走向僵化，越来越多地暴露弊端，与民主集中制原则背道而驰，严重破坏了苏联共产党党内的政治生态和国家正常的政治运行秩序，以致践踏社会主义民主法制、阻碍苏联民主政治发展、抑制苏联社会经济活力、遏制苏联文化发展活力，导致官僚主义、形式主义盛行，严重损害了社会主义的形象。

更值得注意的是，当时斯大林对托洛茨基的批判是以其"破坏党机关威信""使国家机关脱离党"为依据的。斯大林抱着集中反对托洛茨基，而托洛茨基抱着民主反对斯大林。结果，托洛茨基被打倒了，民主也一起消失了。这样一来，党不仅是决策者，也是执行者，政府职能进一步弱化，国家的大政方针，决策由党、执行由党、评论由党，这就是斯大林时期出现一系列决策失误又得不到及时纠正的重要原因。

因为积重难返，斯大林的继任者们也无力纠正，干出了不少违背经济规律的荒唐事。比如，赫鲁晓夫时期，经常提出一些不切实际的浮夸的口号，1957年提出三四年内肉类、牛奶、黄油产量赶超美国，1961年又提出20年内基本建成共产主义。这种瞎指挥和强迫命令，导致当时苏联的农业增长缓慢。这些都是违背民主集中制酿下的苦酒。

四、"七个有之"祸党害国

"七个有之"，即：一些人无视党的政治纪律和政治规矩，为了自己的所谓仕途，为了自己的所谓影响力，搞任人唯亲、排斥异己的有之；搞团团伙伙、拉帮结派的有之；搞匿名诬告、制造谣言的有之；搞收买人心、拉动选票的有之；搞封官许愿、弹冠相庆的有之；搞自行其是、阳奉阴违的有之；搞尾大不掉、妄议中央的也有之。

"七个有之"问题，本质上是一个政治问题，其危害在于导致党内政治生态遭到破坏、党的政治纪律和组织纪律松弛、党的团结和统一受到损害。加强党的团结和统一，必须始终对"七个有之"保持高度警惕，深刻认识其严重危害，切实增强防范和遏制"七个有之"的政治自觉和政治担当。

"七个有之"背弃政治信仰。对马克思主义的信仰，对社会主义和共产主义的信念，是共产党人的政治灵魂，是共产党人经受住任何考验的精神支柱。坚定的政治信仰不是与生俱来的，也不是一劳永逸的，需要长期磨砺和锻造。事实证明，信仰信念发生动摇，世界观、人生观、价值观这个"总开关"出了问题，思想防线、精神防线、政治防线就会决口溃坝，就会滋生个人主义、分散主义、自由主义、本位主义，就会政治上变质、经济上贪婪、道德上堕落。近年来发生的典型案例，都有"七个有之"的突出表现。2021年9月，孙力军被开除党籍和公职，处分通报指出其"政治野心极度膨胀，政治品质极为恶劣，权力观、政绩观极度扭曲""在党内大搞团团伙伙、拉帮结派、培植个人势力，形成利益集团"。令人触目惊心的是，孙力军团伙的问题大都发生在党的十八大甚至十九大后，他不收敛不收手，甚至变本加厉，滥用执法司法权，跟商人深度勾结。可见人一旦背弃理想信念，从此就走上了一条不归路。

"七个有之"背离党的忠诚。党员领导干部必须对党忠诚，必须向组织交心交底，说老实话、办老实事、做老实人。党的十八大以来，中央将不如实报告个人有关事项列为违反组织纪律的行为，实行"凡提必核"制度，揭开了"两面人"的伪装和"蒙面人"的面纱。对弄虚作假、粉饰乔装的人施以严惩，就是要严肃组织纪律，树立起对党忠诚老实的导向。2017年5月25日，中央纪委监察部网站发布消息，司法部原党组成员、政治部主任卢恩光严重违纪被开除党籍和公职。经查，卢恩光年龄、入党材料、工作经历、学历、家庭情况等全面造假，长期欺瞒组织，在其1990年的入党志愿书中，竟写了学习邓小平同志1992年南方谈话的体会，以金钱开道，一路拉关系买官和谋取荣誉，从一名私营企业主变身为副部级干部。事发之前，卢恩光看起来忠诚于党，总给人一种积极上进的印象。所以，恪守政治忠诚，不仅看表态，更要看行动，最终看效果。要不断加强党性锻炼，提高政治觉悟和政治能力，始终在政治立场、政治方向、政治原则、政治道路上同党中央保持高度一致，决不能阳奉阴违，嘴上喊看齐，行动上不落实。

"七个有之"破坏政治生态。政治生态是党风、政风、社会风气的综合体现，影响着党员干部的价值取向和从政行为。政治生态清明，从政环境优良，人心就顺、正气就足，就能实现政通人和、安定有序；政治生态污浊，则邪气横生，各种消极腐败现象就会层出不穷，甚至引发系统性、塌方式腐败。一个地方和部门的政治生态建设，"一把手"起着主导性作用。"一把手"一旦出了问题特别是"七个有之"问题，就会带坏一批干部、影响一方风气，对政治生态造成严重污染和破坏。甘肃省原省委常委、副省长虞海燕在任兰州市委书记期间，违规从酒泉钢铁集团公司调入一批干部，大多安插到重要部门、核心岗位任职，形成了一个政治小圈子，被称为"酒钢号"；他还将市委督查室、市政府督查室整合为一体，由其亲信直接分管，打着培养年轻干部的旗号，先后选调100多名干部到督查室接受"锻炼"，对特定干部"洗脑"，并将所谓的"可靠者"推荐到重要岗位，培植私人势力；他还利用督查、审计等手段，对"不服从""不听话"的领导干部施加压力。如此所作所为，导致"潜规则""关系网"大行其道，对甘肃省特别是兰州市的政治生态造成严重的损害。

"七个有之"阻碍政令畅通。政治纪律是各级党组织和全体党员在政治方向、政治立场、政治言论、政治行为方面必须遵守的规矩，是我们党最根本、最重要、最关键的纪律。确保党中央政令畅通，是遵守政治纪律、维护党中央权威的核心要求。确保政令畅通，要求各级党组织和党员领导干部对党的基本理论、基本路线、基本方略，对党中央作出的决策部署，必须坚决贯彻执行，决不允许上有政策、下有对策，决不允许有令不行、有禁不止，决不允许打折扣、做选择、搞变通。从2014年5月到2018年7月，习近平总书记先后六次就秦岭违建别墅作出批示。总书记第一次批示后，省里没有对总书记的重要批示精神进行传达学习，西安市直到6月10日才成立调查组，让退居二线的市政府咨询员担任组长。2014年7月，调查小组向市里反馈：违建别墅底数已彻底查清，共计202栋。随后，202栋这个数据就从市里报省里、省里报中央，一路畅行。事实上，秦岭违建别墅远远不止202栋，由于陕西省和西安市严重的形式主义和官僚主义，1000多栋违建别墅被漏报。2014年10月13日，习近平总书记作出第二次重要批示，但陕西省和西安市还是没有引起真正重视。尽管当时会议有传达、领导有批示、工作有督察、结果有报告，但这些传达、督察、报告当中存在着严重的形式主义和官僚主义的问题。从2015年2月到2018年4月，习近平总书记针对秦岭违建别墅又作过三次重要批示，但陕西省和西安市仍然没有做到总书记要求的"不彻底解决、绝不放手"。直至2018年7月，习近平总书记对秦岭违建别墅作出第六次批示："首先从政治纪律查起，彻底查处整而未治、阳奉阴违、禁而不绝的问题。"当月下旬，中央专门派出中纪委领衔的专项整治工作组入驻陕西，针对秦岭违建别墅的整治行动才得以彻查。违建别墅的发生和演变，最重要的原因在于有关党组织的政治建设缺失缺位、软弱无力，有关领导干部对政治纪律缺乏敬畏，政治规矩、意识淡薄。尤其是省委主要负责人对中央指示消极应付，搞形式主义、作表面文章，未认真督促相关部门抓好整改落实，更未对相关领导干部进行严肃问责。这种坐而论道、只说不做，阳奉阴违、不抓落实的行为，必然导致中央决策部署落不了地，导致突出问题长期得不到解决，最终损害的是党和政府的形象。"七个有之"条条违反政治纪律，而政治纪律一旦突破，其他纪律就会"全线失守"，突出的表现是政治问题和经济问题、作风问题等交织在一起，呈现并发并生态势。

"七个有之"削弱党的执政根基。民心是最大的政治。人民的拥护和支持是我们党执政最坚实最牢固的政治根基。"七个有之"与人民立场、群众路线背道而驰，格格不入。存在"七个有之"问题的领导干部，都是政治上的"两面人"，这些"两面人"暗地里搞拉帮结派的山头主义、人身依附的宗派主义、我行我素的自由主义、不讲原则的好人主义、唯利是图的个人主义、游戏人生的享乐主义，说一套、做一套，台上一套、台下一套。这些人和事都极大地损害了党风、政风和社会风气，对群众的信心和信任都造成了严重影响。如不严肃查处、及时纠正，就会失信于民，在党和群众之间形成一堵无形的墙，任其发展下去，我们党就会失去根基、失去血脉、失去力量。

党的十八大以来，以习近平同志为核心的党中央提出坚持和改善党的领导的重大政治要求，严明党的政治纪律和政治规矩，采取动真格、敢亮剑的"雷霆手段"，以直面问题、刮骨疗毒的勇气强力拔除"烂树"、清除"雾霾"，重构政治生态，有力纠正了一个时期以来在坚持党的领导及民主集中制问题上出现的模糊认识和错误思想，实现了全党思想上统一、政治上团结、行动上一致，大大增强了党的凝聚力、战斗力和领导力、号召力。

"七个有之"都是政治问题。政治问题要从政治上认识和解决。要坚持不懈抓好理论武装，深入学习习近平新时代中国特色社会主义思想，不断锤炼对党忠诚的政治品格，把对党、对核心、对领袖的忠诚落实到一言一行上，体现到本职工作中。在坚持党内教育常态化制度化的同时，坚持尊崇党章、依规治党。要端正选人用人导向，抓住党员领导干部这个"关键少数"，严把政治关、廉洁关，确保选对人用好人，从源头上抓好干部队伍建设，还政治生态以"山清水秀"。严格遵循新形势下党内政治生活准则，严肃党内政治生活，把坚定理想信念作为开展党内政治生活的首要任务，把坚决拥护"两个确立"、做到"两个维护"作为加强和规范党内政治生活的重要目的，把坚持民主集中制作为党内政治生活正常开展的重要制度保障，把开展规范的党的组织生活作为党内政治生活的重要载体，大力弘扬斗争精神和自我革命精神，用好批评和自我批评这个有力武器，切实增强党内政治生活的政治性、时代性、原则性、战斗性。要立足新的实践，不断从内容、形式、载体、方法、手段等方面进行改进和创新，更好地发挥党内政治生活在发现和破解"七个有之"问题中的有利作用。要强化政治监督，推进巡视监督、派驻监督和国家监察全覆盖，加强对党员干部特别是领导干部履行职责、行使权力等情况的监督，抓早抓小，防微杜渐。统筹运用党性教育、政策感召、纪法威慑，深化运用"四种形态"，不断增强管党治党能力。坚决纠正党内不正之风，一体推进不敢腐、不能腐、不想腐，从人民群众反映强烈的作风问题抓起，不断健全作风建设长效机制，以优良作风促进党的团结统一。

五、用好民主集中制这个法宝

民主集中制是中国共产党在长期革命、建设和改革实践中始终坚持的根本组织原则和领导制度。党的历史反复告诉我们：什么时候民主集中制坚持得好，党就风清气正、充满生机活力，党的事业就蓬勃发展；什么时候民主集中制受到破坏，党内矛盾和问题就会滋生蔓延，党的风气就会受到损害，党的事业就会遭遇挫折。习近平总书记指出：中国特色社会主义国家制度和法律制度在实践中显示的巨大优势，坚持党的领导的优势、保证人民当家作主的优势、坚持全面依法治国的优势、实行民主集中制的优势四个方面最为重要。①将民主集中制优势与中国特色社会主义民主政治"三位一体"的优势并列，足见其地位十分突出。在新时代，怎样把握这一制度的精神实质，如何用好这一制度的独特优势，是我们需要深入思考的重大问题。

坚持民主集中制，就要坚持民主与集中的辩证统一。我们实行的民主集中制，是又有集中又有民主，又有纪律又有自由，又有统一意志又有个人心情舒畅生动活泼的制度，是民主和集中紧密结合的制度。民主与集中有机结合，兼具民主和集中二者所长，既能发挥民主的长处，带来生机活力，又能发挥集中的长处，形成集中统一、坚强有力的领导集体，决策效率高、社会和谐；既能避免分散主义、低效等西方民主的弊端，又能避免专断主义等权力过分集中的弊端。民主与集中紧密联系、高度依存，不能强调一个而否定另一个。民主是正确集中的前提和基础，党历来高度重视发展党内民主，在作出重大决策时充分发扬民主，广泛听取意见和建议，做到兼听、防止偏信，做到科学决策、民主决策、依法决策。集中是民主的必然要求和归宿，离开集中搞民主，只会导致极端民主化和无政府状态，什么事情也干不成。坚持民主基础上的集中，关键是要维护党中央权威和集中统一领导。全党必须牢固树立政治意识、大局意识、核心意识、看齐意识，自觉在思想上政治上行动上同以习近平同志为核心的党中央保持高度一致。

坚持民主集中制，就要实行集体领导和个人分工负责相结合。领导干部要观大势、抓大事、管全局、勇担责，自觉服从集体领导，共

---

① 参见习近平：《坚持、完善和发展中国特色社会主义国家制度与法律制度》，《求是》2019年第23期。

同维护党性原则基础上的团结，共同推动党委决议决策落实。一要分工不分家。既重视分管工作领域，又要着眼建设全局性、工作阶段性、矛盾主次性思考问题，建言以全局统局部，执行以局部促全局，有力推动建设全面发展整体进步。二要同心更同向。严格遵从集体决议，心无旁骛、同向发力、步调一致贯彻落实，以忠诚和担当维护集体领导；出现矛盾多协商不扯皮，发生问题多担责不推诿，不发表无原则的议论，不做损害集体领导的事情，以坚强党性保证言行与集体意见相一致。三要防止将平等关系等级化。班子集体是"分母"，书记、副书记和委员都是其中分量相等的一个"分子"，研究讨论问题没有资历深浅、职位高低的不同权重。书记、副书记要强化"组织有上下级、党员没有高中低"的观念，自觉讲原则、树正气、摆好位，防止"班长"变成"首长"、"一票权"成为"决定权"。党委会议是民主议事决策的重要舞台。要创造尊重民主、畅所欲言的氛围，倡导讲真话说实话，力戒假大虚空，让每名班子成员有充分发言的时间和空间。研究问题出现不同声音是民主的表现，要善待不同意见，不歧视不排斥，该采纳的采纳，该解释的解释，尊重班子成员的发言权。"一把手"要发扬民主、善于集中、敢于担责，支持班子成员在职责范围内独立负责开展工作；班子成员要增强全局观念和责任意识，研究工作时充分发表意见，决策形成后一抓到底，坚决执行党组织决定，形成相互补台、好戏连台的浓厚氛围，真正把民主集中制贯彻到党的工作全过程和各方面。既不能搞"一言堂"、家长制，唯我独尊、包揽一切，也不能搞各自为政，违背集体决定自作主张、自行其是，坚决反对和防止议而不决、决而不行、行而不实或以集体决策名义违规，坚决防止和克服名为集体领导、实际上个人或少数人说了算，或名为集体负责、实际上无人负责的现象。

坚持民主集中制，就要用民主集中制原则处理各种关系。在党内和国家机构实行民主集中制，既有利于维护党中央权威和国务院权威，在政党治理层面避免出现党内分裂、山头主义和拉帮结派等现象，在国家治理层面防止决而不行、各自为政、各行其是的分散主义和地方保护主义等现象，又有利于实现全党和全国人民的团结统一。要坚持按民主集中制原则处理党内组织和组织、组织和个人、同志和同志、集体领导和个人分工负责等重要关系，发扬党内民主、增进党内和谐，实行正确集中、维护党的团结统一。可以说，坚决实行民主集中制有利于实现毛泽东所说的"六有"政治局面，也就是民主团结、充满活力、安定和谐的政治局面。同时，按民主集中制原则协调各种利益关系和利益矛盾，可以在全国范围内有效实现各利益群体的团结和谐。通过民主协商统筹兼顾、照顾和平衡社会各方面的利益诉求，实现正确集中，把符合最广大人民根本利益、整体利益、长远利益的正确意见集中起来，实现人民利益最大化，就能减少人民内部的利益矛盾和冲突，维护社会稳定，避免社会动荡。现代国家的权力关系是复杂的，从横向上看主要包括党政关系。中国共产党总揽全局、协调各方的核心作用体现在：各级党委在党政关系中居于核心地位，当政权机构内部发生矛盾时由党委来统筹协调，以避免权力之间的纷争。还有，根据民主集中制原则正确处理政府和人民群众关系，保证人民当家作主，有利于实现国家的团结稳定。正如毛泽东所说，坚持民主集中制，使人民敢于讲真话，"人民与政府的关系，领导者与被领导者的关系，人民与人民之间的关系，将是一种合理的、活泼的关系"[①]。与民主集中制能集中人民的根本利益不同，在西方民主制度下，

---

① 逄先知、金冲及主编：《毛泽东传（1949—1976）》，中央文献出版社2003年版，第652页。

利益集团绑架政治的现象十分突出，议会和政府制定的国家战略与重大政策常常被资本利益集团绑架。所以，建立在民主集中制基础上的"中国之治"与建立在民主选举基础之上的"西方之乱"形成了鲜明对比。

坚持民主集中制，就要建立和完善民主集中制的各项制度机制。正如习近平总书记所说，要把坚定制度自信和不断改革创新统一起来，不断推进制度体系完善和发展。在新的发展阶段，只有在实践中不断完善和落实民主集中制原则，民主集中制在国家治理中的巨大优势才会充分展现。

比如，完善党内民主的具体制度，构建以民主集中制为核心的党内民主制度体系，包括健全党员权利保障制度、完善党的代表大会制度、完善党内选举制度、完善党委议事决策制度等。除了上述实体性制度，还要完善党内民主程序。要将调查研究、决策咨询、风险评估和合法合规性审查、会议集体决定等作为党委重大决策的法定程序。

比如，进一步完善人民当家作主制度体系，使人民参与民主政治的全过程。从法律角度来看，民主集中制是一个开放的系统，随着党和国家机构改革的深入，必然需要更多的人民民主实现形式。与西方只注重民主选举环节不同，中国重视人民在民主选举、民主协商、民主决策、民主管理、民主监督全过程的参与。在民主选举中，要增加相当比例的基层人大代表数量，扩大人大代表选举的差额比例，坚决遏制人大代表贿选现象，构建协商民主制度体系，发挥多层次民主协商的独特优势，完善人民经常性参与民主管理的制度；在民主决策中，要努力建设了解民情、反映民意、集中民智、珍惜民力的决策机制，增强决策透明度和公众参与度，保证决策符合人民利益和愿望；

在民主监督中，要强化全国人大的民主监督职能，充分调动广大党员和人民群众的积极性、主动性、创造性。

比如，创新和完善民主集中制关于"集中"的实现机制。党中央领导核心机制的确立是落实民主集中制的重要制度安排。要完善党中央集中统一领导的党政领导体制，包括"一个核心"（党中央领导核心）和"五个党组"。健全党中央对重大工作集中统一领导的体制，完善中央全面深化改革委员会等党中央决策议事协调机构。通过各种议事协调手段，统筹发挥各党政部门的合力，推动党中央重大决策落实。完善中央层面的"五个党组"每年向中央政治局及其常委会汇报工作的制度，完善中央政治局成员每年向党中央和习近平总书记书面述职的制度。完善重大事项向党中央请示报告制度，做到令行禁止。要完善"正确集中"的制度，把不同意见统一起来，把各种分散意见中的真知灼见提炼概括出来，把符合事物发展规律、符合广大人民群众根本利益的正确意见集中起来，以利科学决策。

还比如，完善对民主集中制执行情况的监督与问责机制。民主集中制实行得好，离不开监督制度的保障。为了加强对民主集中制执行情况的监督，《关于新形势下党内政治生活的若干准则》作出了三个"坚决反对和防止"、两个"坚决防止和克服"等十六条禁止性规定，其核心思想是反对独断专行，这就为领导干部贯彻民主集中制画出了红线。对民主集中制执行情况进行监督的重点是加强对党委"三重一大"集体决策的监督。同时，要加强对地方党委"一把手"的政治问责力度。

坚持民主集中制，领导干部要做表率。民主集中制贯彻得怎么样，关键看领导干部做得怎么样。党的十八大以来，习近平总书记对健全民主集中制作出一系列重要论述，并带领全党不断取得具有许多新的历史特点的伟大斗争的新胜利，充分证明民主集中制始终是我们党实现决策科学民主高效、保证团结统一和战胜重大困难风险的强大武器。要把贯彻民主集中制作为各级领导干部必修的"基础课"、必备的"基本功"、必守的"硬规矩"，让民主集中制发力生威。民主集中制是新形势下全党拥护"两个确立"、做到"两个维护"、强化"四个意识"、提升"四自能力"、应对"四大考验"、化解"四种危险"的重要法宝。全党同志要从讲政治的高度，全面理解贯彻执行民主集中制的重大意义和本质要求，强化法纪意识，保持敬畏之心，不断增强贯彻执行的政治自觉、思想自觉和行动自觉。

六、实现"三个统一"要多管齐下

在二十届中央纪委二次全会上，习近平总书记不仅向全党郑重提出了大党独有难题，同时也为破解独有难题指明了前进方向，提供了科学方法。习近平总书记明确指出理想信念、组织体系、党员自觉、纪律规矩与维护党的团结统一密切相关，实现党内团结需要各方合力。

第一，坚定共同的理想信念。没有信仰，人类文明容易失去"刹车"，终将堕入"悲惨世界"。对于中国共产党人来说，理想信念是事业和人生的灯塔，决定我们的方向和立场。党的十九大报告强调："共产主义远大理想和中国特色社会主义共同理想，是中国共产党人的精神支柱和政治灵魂，也是保持党的团结统一的思想基础。"① 与其

---

① 习近平：《决胜全面建成小康社会 夺取新时代中国特色社会主义伟大胜利——在中国共产党第十九次全国代表大会上的报告》，《人民日报》2017 年 10 月 28 日第 1 版。

他政党截然不同的是，马克思主义政党不是因利益结盟的政党，而是以共同理想信念组织起来的政党。中国共产党之所以叫共产党，就是因为一开始就把马克思主义作为自己的行动指南，把共产主义确立为远大理想，用这一理想信念把先进分子团结在党的旗帜下，自觉为理想信念而英勇奋斗。如果理想信念不坚定，遇到一点风雨就动摇，最终是靠不住的。苏联解体、苏联共产党垮台、东欧剧变就是活生生的例子。对党员个体而言，理想信念至关重要，有了坚定的理想信念，站位就高了，眼界就宽了，心胸就开阔了，就能坚持正确的政治方向，在胜利和顺境时不骄傲不急躁，在困难和逆境时不消沉不动摇，经受住各种风险和困难考验，自觉抵御各种腐朽思想的侵蚀，永葆共产党人的政治本色。现实生活中，一些党员干部出现这样或那样的问题，之所以跌进违法违纪的陷阱，说到底是信仰迷茫、精神迷失。正因为如此，党的十八大报告强调：对马克思主义的信仰，对社会主义和共产主义的信念，是共产党人的政治灵魂，是共产党人经受住任何考验的精神支柱。

理想信念不可能凭空产生，也不可能轻而易举坚守。理论上清醒，理想信念才能坚定。党的十八大以来，我们党先后开展了党的群众路线教育实践活动、"三严三实"专题教育、"两学一做"学习教育、"不忘初心、牢记使命"主题教育、党史学习教育、学习贯彻习近平新时代中国特色社会主义思想主题教育等，推进学习教育制度化经常化，不断锤炼共产党人理想信念的钢筋铁骨。习近平新时代中国特色社会主义思想是坚定理想信念、维护党的团结统一的最好教材。一定要把学懂弄通这一思想作为首要政治任务，多读原著，勤学原文，深悟原理。通过学思践悟，准确把握这一思想的科学内涵、核心要义、实践要求。要把学习理论与改造主观世界紧密结合，努力从世界观、人生观、价值观的层面解决问题，锻造党员理想信念"硬核"，把信仰之基筑得更牢，把精神之钙补得更足，把思想之舵把得更稳，不断增强"四个意识"、坚定"四个自信"、做到"两个维护"，自觉做共产主义远大理想和中国特色社会主义共同理想的坚定信仰者和忠实实践者，做人民美好生活和民族复兴伟业的矢志创造者和不懈奋斗者。

第二，自觉维护党的领导核心。核心就是政党的旗帜与灵魂，犹如在茫茫大海中远航的巨轮的定海神针，任凭风吹浪打、狂风暴雨，始终能确保沿着正确方向乘风破浪，勇往直前。中国共产党是全中国人民的领导核心。没有这样一个核心，社会主义事业就不能胜利。邓小平同志也强调，国家的命运、党的命运、人民的命运需要有一个领导集体。任何领导集体都要有一个核心，没有核心的领导是靠不住的。要始终注意树立并维护党的领导集体，以及这个集体中的核心。

从党的历史看，我们党走过了从不成熟到成熟、从不够有力到坚强有力的成长历程。遵义会议前，我们党还不成熟，特别是没有形成一个成熟的党中央，没有形成全党的团结统一。这是党和人民事业在革命早期屡遭挫折甚至面临失败危险的重要原因。遵义会议开始形成以毛泽东同志为核心的党的第一代中央领导集体，此后党才能不断从胜利走向胜利。党的十八大以来，我们党针对解决党的领导弱化、虚化、淡化、边缘化问题，把加强党的集中统一领导作为全党共同的政治责任，不断完善党的领导制度体系，使全党思想上更加统一、政治上更加团结、行动上更加一致。党的历史、新中国发展的历史都表明：要治理好我们这个大党、治理好我们这个大国，保证党的团结和集中统一至关重要，维护党中央权威至关重要。新时代以来的伟大实践进一步证明：没有党中央的核心和全党的核心，就没有党中央的权威和集中统一领导，就会导致各自为阵、各自为政，那就什么事情都干不成。中国这样一个有着14亿多人口的大国，必须有一个众望所归的领袖；中国共产党这样一个有着9800多万名党员的大党，必须有一个坚强的领导核心。习近平总书记在风云变幻中举旗定向、掌舵领航，在大战大考中指挥若定、运筹帷幄，在惊涛骇浪中力挽狂澜、砥柱中流，充分彰显了作为马克思主义政治家、思想家、战略家的恢宏气魄、远见卓识、雄韬伟略，不愧为党的核心、人民领袖、军队统帅，不愧为中华民族伟大复兴号巨轮的掌舵者、领航人。确立习近平总书记党中央的核心、全党的核心地位，是历史和人民的共同选择、郑重选择、必然选择，是党和国家之幸、人民之幸、中华民族之幸。想一想解体剧变的苏联和东欧社会主义国家，想一想西亚、北非的战乱动荡国家，想一想经济持续低迷的西方某些发达国家，我们党、国家和军队能够蓬勃发展、生机盎然，其根本就在于我们有一个伟大光荣正确的党，有统一的权威、坚强的领导核心。

越是承担重大的历史任务、处于重大的历史节点，越是面对种种挑战，就越需要一个坚强的领导核心，领导核心的作用也越突出。要深刻领悟"两个确立"的决定性意义，坚决做到"两个维护"，具体来说就是：任何时候任何情况下都要坚持以党的旗帜为旗帜、以党的方向为方向、以党的意志为意志，做到党中央提倡的坚决响应、党中央决定的坚决照办、党中央禁止的坚决不做，时常对标对表，及时校正偏差；任何时候任何情况下都要坚持对党绝对忠诚，与党中央同心同德，不断提高政治判断力、政治领悟力、政治执行力，真心爱党、时刻忧党、坚定护党、全力兴党，始终在政治立场、政治方向、政治原则、政治道路上同党中央保持高度一致。

第三，健全严密的组织体系。这是马克思主义政党的优势所在、力量所在。我们党是按照马克思主义建党原则建立起来的，形成了包括党的中央组织、地方组织、基层组织在内的严密组织体系。这是世界上任何其他政党都不具有的强大优势。党中央是大脑和中枢，党中央必须有定于一尊、一锤定音的权威，这样才能"如身使臂，如臂使指"。中央和国家机关是贯彻落实党中央决策部署的"最初一公里"，不能出现"拦路虎"，要把中央和国家机关建设成为讲政治、守纪律、负责任、有效率的模范机关。地方党委是贯彻落实党中央决策部署的"中间段"，不能出现"中梗阻"，要把地方党委建设成为坚决听从党中央指挥、管理严格、监督有力、班子团结、风气纯正的坚强组织。基层党组织是贯彻执行党中央决策部署的"最后一公里"，不能出现"断头路"，要坚持大抓基层的鲜明导向，持续整顿软弱涣散基层党组织，有效实施党的组织和党的工作全覆盖，抓紧补齐基层党组织领导基层治理的各种短板，把各领域基层党组织建设成为有效实现党的领导的坚强战斗堡垒。各级党组织都要提高政治领导力、思想引领力、群众组织力、社会号召力，把广大群众紧紧团结在党的周围。

要进一步增强组织观念，始终做到以党的旗帜为旗帜、以党的意志为意志、以党的使命为使命，始终忠诚于党、忠诚于人民、忠诚于马克思主义，真心爱党、时刻忧党、坚定护党、全力兴党。要胸怀"国之大者"，紧紧围绕新时代新征程党中央的决策部署，真抓实干、务求实效，聚焦问题、知难而进，以时时放心不下的责任感、积极担当作为的精气神为党和人民履好职尽好责，以新气象、新作为推动新时代新征程上各项工作高质量发展取得新成效。要践行宗旨为民造福，牢固树立以人民为中心的发展思想，坚持一切为了人民、一切依靠人民，自觉问计于民、问需于民，始终与人民同呼吸、共命运、心连心，着力解决群众急难愁盼问题，把惠民生、暖民心、顺民意的工作做到群众心坎上，增强人民群众获得感、幸福感、安全感。

干部是党和国家事业的中坚力量，干部的团结特别是高级干部的团结，是党团结统一的关键。为政之要，首在用人。要完善全面从严治党制度，坚持新时代党的组织路线，健全党管干部、选贤任能制度。只有把干部选准用好管好，确保权力始终掌握在忠于党和人民的人手中，党的团结统一才会坚不可摧。要严格按好干部标准选人，特别是对干部要加强政治考量，决不能让理想信念动摇、政治上三心二意的人掌握重要权力。要完善用人机制，突破少数人在少数人中间选人的局限，五湖四海，广纳贤才，把忠诚干净担当的干部选拔到领导岗位上。要匡正用人之风，着力破除各种潜规则，以最坚决的态度、最果断的措施刷新吏治，切实防止劣币驱逐良币的逆淘汰现象。要坚持严管厚爱结合，加强对干部的监督管理。依法设定权力、规范权力、制约权力、监督权力，使每个干部时刻保持如履薄冰、如临深渊的警觉，做到位高不擅权、权重不谋私，自觉用人民的权力为人民服务。要坚持铁腕整肃，及时清理淘汰不合格的干部。对权欲熏心、结党营私的政治阴谋家和野心家要果断清除，对贪污贿赂、蜕化变质的腐败分子要严惩不贷，对纪律松弛、目无组织的干部要严肃处理，下大力气正"歪树"、治"病树"、拔"烂树"，及时排除"定时炸弹"，清除政治隐患，确保党的干部队伍忠诚纯洁。

要不断健全组织制度。党的十八大以来，党中央先后制定和修订了党内政治生活若干准则、党组工作条例、地方党委工作条例、党的工作机关条例、党支部工作条例等一系列组织建设方面的党内法规。各级党组织、广大党员干部要深入贯彻党内政治生活的若干准则等组织建设方面的党内法规。严格执行民主集中制这一维护党的团结和集中统一的根本组织原则和组织制度，严格执行"三会一课"、民主生活会、组织生活会、谈心谈话、民主评议等基本制度，健全制度落实情况问责机制，保持抓铁有痕的落实韧劲，锤炼失责必问的制度刚性，不断提升组织制度执行力，不断提高党的组织建设制度化、规范化、科学化，让党内政治生态不断呈现良好态势，不断开创新时代党的组织建设新局面。

第四，严明党的组织纪律。组织严密、纪律严明是党的优良传统和政治优势，也是我们的力量所在。一个松松垮垮、稀稀拉拉的组织是不能干事，也干不成事的。如果党组织像个大车店、大卖场一样，想来就来，想走就走，那还能有什么核心力量？还能把广大人民群众团结在党的周围吗？如果管党不力、治党不严，人民群众反映强烈的党内突出问题得不到解决，那我们党迟早会失去执政资格，不可避免被历史淘汰。纪律严明是我们党不断从胜利走向胜利的重要保障，只有严管严治，才能保持大党应有的风范，才能解决大党独有难题。

党章是党的根本大法，是党的总章程，也是党的纪律、规矩的总源头，加强纪律建设必须回到源头，从遵守和维护党章入手。要更加自觉地学习党的二十大通过的党章，进一步树牢遵守党章、贯彻党章、维护党章的意识，真正使党章内化于心、外化于行。政治纪律和政治规矩是党最根本、最重要的纪律。遵守政治纪律和政治规矩是遵守党的全部纪律的重要基础。"四个服从"是党的政治纪律的核心内容，全党服从中央是"四个服从"的核心内容。全体党员干部要把自己的一言一行严格置于党的纪律约束之下，旗帜鲜明地同一切破坏党的团结统一、违反党的纪律、损害党的根本利益的现象作斗争。要进一步深刻领悟"两个确立"的决定性意义，坚决做到"两个维护"，增强纪律意识、规矩意识，持续纠治"四风"，做到公正用权、依法用权、为民用权、廉洁用权，推动形成清清爽爽的同志关系、规规矩矩的上下级关系、亲清统一的新型政商关系，当好良好政治生态和社会风气的引领者、营造者、维护者。

纪律规矩的生命力在于执行。坚持党的团结统一必须知行合一、身体力行，言行一致、表里如一，闻令即行，行必有力。党中央提倡的坚决响应，党中央决定的坚决执行，党中央禁止的坚决不做。对任何违反党章和党纪党规的人都要严肃处理，不搞选择，不作变通，让纪律真正成为带电的高压线。特别是对违反政治纪律和政治规矩的人，不论是谁都要坚决查处，绝不允许有不受党纪国法约束，甚至凌驾于党章和党组织之上的特殊党员。纪律规矩要公开透明，让群众都能进行监督，不断提高党员干部遵纪守规的自觉性。加强纪律规矩的宣传教育，使党员干部始终保持纪律不能碰、规矩不可逾越的敬畏之心，做到心有所畏、言有所戒、行有所止。同时要强化正向激励，让守纪律讲规矩成为党员干部的自觉追求。

第三章

如何始终具备强大的执政能力和领导水平

如何始终具备强大的执政能力和领导水平，这是习近平总书记强调的大党独有难题的第三个难题，这是加强和改进党的领导的关键问题。一个在拥有14亿多人口的大国长期执政的党，面对世界百年未有之大变局，面对我国正处于实现中华民族伟大复兴的关键时期，若能力不足、本领不强、水平不高，就无法团结带领人民完成新时代新征程的使命任务。

一、世界竞争也是执政党的能力水平之争

世界竞争是中国共产党实现第二个百年奋斗目标无法回避的重大战略问题。世界竞争是国家之间综合国力的比拼与较量，是各国围绕制度文化、科技创新、市场资本、国际贸易、地缘政治等方面的综合博弈。执政党作为国家的最高政治领导力量，一举一动都会影响国家在世界竞争格局中的战略地位。尽管和平与发展仍然是当今世界的主题，但世界多极化趋势仍然未变，单边主义仍有抬头之势。日趋激烈的世界竞争环境，对世界各国执政党能力提出了挑战。因此，国与国之间的较量也就是执政党之间的较量。谁的执政能力强，谁就能在激烈的国际竞争体系中处于有利地位。世界竞争也是执政党的能力水平之争。

改革开放以来，我国积极参与经济全球化，在经济、政治、文化等领域取得举世瞩目的成就。在"地球村"这个大集体中，国家之间的互动更为频繁，摩擦时常发生。当前我国正面临百年未有之大变局，国际形势严峻复杂，世界竞争日益激烈。各国都在国际政治舞台上争夺制高点、抢夺话语权，以达到对资源的获取与占有。世界竞争的本质实际上就是对地球有限资源占有的竞争博弈。

人类历史上出现过三次大规模的世界竞争。第一次大规模世界竞争起源于第一次世界大战。一战时期主要是欧洲各列强在欧洲界内称雄夺霸，各国难分伯仲，较少牵动亚非和美洲大陆。进入第二次世界

大规模竞争则是在第二次世界大战，世界进入以战争为主体的直接竞争。第二次世界大战结束以后，世界进入"一超多强"的雅尔塔体系，确立了以美国为首的老牌西方强国的国际政治地位。第三次大规模世界竞争是在冷战时期，是以意识形态为基础、军备竞赛为表现形式、美苏为主要阵营的世界竞争。冷战期间，美苏阵营各自在以非军事对抗的形式、围绕军事力量的发展开展零和竞争。苏联解体以后，冷战宣告结束，世界竞争转向以美日为主的经济贸易竞争，20世纪90年代美日矛盾上升为主要矛盾。最后美国依靠霸权遏制日本，正式开启了独霸全球的超级大国时代。这也意味着人类历史上第三次大规模世界竞争的结束。第二次世界大战以后形成了以美苏为主的世界竞争两大阵营，冷战结束以后则形成了以美国为主宰的单极世界局面。

改革开放给中国带来了举世瞩目的成就，进入21世纪，中国作为东方大国迅速崛起，与西方各国的实力差距日益缩小。与此同时，世界竞争格局也在悄然改变，由传统的军事竞争转向经济领域，竞争的主角从单一的美苏两国转为美国与其他各国。2010年中国国内生产总值（GDP）超过日本，成为世界第二大经济体，这标志着中国已跻身世界经济强国。进入新时代，中国带领着亚非拉发展中国家开始群体性崛起，以中国为代表的新兴经济实体异军突起。美国的相对优势和国际地位相对下降，中国与美国的经济力量差距进一步缩小。同时，在百年未有之大变局下，受到中美贸易摩擦、新冠病毒感染、科技革命、美欧摩擦、俄乌战争等因素的影响，美国作为超级大国的地位受到动摇，这改变了新时代世界竞争的格局，形成了以美、中、俄、欧为代表的多极化世界竞争体系。基于中国的战略愿景和使命担当，我们应该在实现中华民族伟大复兴的道路上清醒地认识到世界竞争格局的改变，在广阔的战略图谱中定位竞争，怀着对人类命运共同体负责的态度，构建具有中国特色的世界竞争观。

世界竞争已成为各国执政党之间的"马拉松"，无法回避。2017年起，美国先后发布《美国国家安全战略报告》和《美国国防战略报告》，将中国定义为多领域、全方位的战略竞争者。以美国为首的西方国家一意孤行地决意将中国视为长期竞争的战略对手。中国也应当就世界竞争问题作出新的认识和决定。首先是世界竞争的全面性。世界竞争不以我们的意志为转移，存在于各个领域。其次是世界竞争的必然性。中国在实现民族伟大复兴的道路上，不可避免地与他国发生竞争甚至遭到打压。最后是世界竞争的长期性。世界竞争是一个长期的过程，是过去几百年来世界历史长河中的常态，今后世界各国仍将围绕竞争在国际政治舞台展开角逐。在遵守丛林法则的世界政治舞台上，我们要清醒认识到，我们将长期面临充分竞争甚至是零和竞争的竞争环境，任何侥幸、天真或幻想都是我们无法承受的奢望。

首先是世界竞争的全面性。竞争无处不在、无时不有。当今世界处于一种超越传统竞争模式，不限于军事、政治、经济等领域的竞争，一种以国家政治为框架的、以执政党能力水平为基础的、全方位的、全面性的竞争。当下世界，高度自治、开放、透明的规则体系，以及各国之间愈加紧密的关联性，使得各国不得不在政治、经济、文化、科技、军事等方面展开多领域、全方位的竞争角逐。传统的单纯以经济驱动政治、以政治诱发战争、以战争实现分赃的逻辑已无法推行。

其次是世界竞争的必然性。以美国为首的西方老牌大国的国际政治地位日渐式微，第三世界国家的后发优势逐渐显现。中国正在以异军突起的速度崛起，这注定中国会在某一时间节点与西方老牌大国相遇、互动和交锋。中国要实现中华民族的伟大复兴，必然会对传统老牌大国的地位和权威形成挑战，以美国为首的西方国家必然不会轻易放弃话语权和主动权，必然会采取一系列和多方面的竞争措施、遏制措施甚至是打压措施去维系自己的主导地位。因此说，一个全面竞争的时代不可避免地走来，世界竞争是必然的。

最后是世界竞争的长期性。回望过去几百年的历史，有西方列强之间对弱国进行瓜分的先行权的竞争，有超级大国与西方强国争夺国际秩序主导权的竞争，有第三世界弱国与西方列强的反殖民、反帝国主义、反剥削、反压迫的竞争。可以说，过去几百年的世界历史就是一部强国与强国、强国与弱国之间长期相互竞争的历史。世界竞争是长期的，也是全方位的。哪怕一个国家在某些方面暂时领先，其他国家也绝不会轻言放弃；哪怕一个国家已经占有绝对优势，其他国家仍会试图追赶、试图超越。因此我们要清醒地认识到，世界竞争的长期性并非争一时的长短，并非争当前的短期利益，而是争一个国家的现在和未来。

在国际政治舞台上，我们要坚定地捍卫自身的主权、安全和利益，敢于斗争、善于斗争，也要正确地看待国家竞争的关系。世界竞争是无法避免的，特别是我国与西方国家长期处于竞争环境之中，要基于中国的战略文化、战略目标，阐明中国对于世界竞争的看法和立场，厘清中国在世界竞争中应当扮演的角色和作用，以构建中国特色的世界竞争观，在世界竞争的大格局中把握执政党的能力水平建设规律。

第一，世界竞争的关键要点在于自身建设而非打压他者。长期以来，以美国为首的西方国家在高科技领域搞"小动作"，以国家公权力干涉正常的国际商业秩序，依靠自身霸权打压竞争对手。这与美国长期自我标榜的"自由平等"理念背道而驰。比如20世纪80年代，美国为打击日本半导体产业发展，采取威胁将日本列为不公平贸易国、加征报复性关税等手段，逼迫日本签订《美日半导体协定》，导致日本半导体企业几乎完全退出全球竞争，市场份额由50%跌至10%。同时，在美国政府扶持下，大量美国半导体企业趁机抢占市场。

要警惕陷入"修昔底德陷阱"的逻辑，认为"对方所得"必是"己方所失"。要以自我提升、自我建设、自我创新为竞争关键要点，提升中国核心竞争力。中国共产党作为非竞争性执政党，应基于自身发展的特点，不断苦练"内功"，增强自身建设的"内动力"，构建强有力的竞争系统。要牢牢抓住自身能力建设这个"牛鼻子"，世界竞争也是政治制度的竞争，要将我们的制度优势转化为竞争优势，就要不断加强我们的制度建设。面对世界环境和执政条件的深刻变化，巩固党的执政基础，提高党的执政能力和领导水平。

第二，竞争的核心动力在于科技创新而非故步自封。科技创新是现代社会经济发展的根本推动力量，是世界竞争的重要因素。面对全球科技竞争的挑战，科技创新作为提高社会生产力、提升国际竞争力、增强综合国力、保障国家安全的战略支撑，必须摆在国家发展全局的核心位置。①党的二十大报告提出，当前，我们发展不平衡不充分问题仍然突出，推进高质量发展还有许多卡点瓶颈，科技创新能力还不强。

科技创新是世界竞争的核心领域，只有掌握强大的科技创新和自主创新能力，中国才能处于全球产业链、价值链的前列和上游。要打造符合科学规律、体现中国国情的科技创新体系。一是实施人才强

---

① 参见《习近平关于科技创新论述摘编》，中央文献出版社2016年版，第30页。

国战略。建设国家重大战略人才力量，培养青年科技人才、高技能人才、科技领军人才、战略科学家和创新团队。实施开放积极、包容高效的人才政策，深化人才发展体制机制改革。二是完善科技创新体系。深化科技体制改革、科技评价改革，加大科技创新投入，形成支持全面创新的基础制度。开放、包容的科研环境和完善的科技创新体制是吸引人才的关键因素，封闭、脱离世界、故步自封的国家不会成为科技强国。

第三，竞争的重要一招在于竞争与合作共存。全球化趋势下，国家之间的关系往往既有竞争，又保持着一定的合作与联系。合作通常是促进国际关系和谐发展的重要途径，竞争是国家在不断变化的全球环境中取得发展的重要来源。二者共同推动人类社会的发展和进步。如果单纯地只看到竞争关系、片面地只保持竞争关系，却忽略了合作的重要性、互惠性，这也是行不通的。简要地说，在中国特色的世界竞争观下，中国参与世界竞争与其他国家形成的关系，其实就是中华民族伟大复兴与构建人类命运共同体之间的关系。如何看待各国在世界竞争中的关系、正确理解国家之间的摩擦与碰撞，是一个重要的理论问题，也是中国共产党在世界竞争环境下把握自身能力建设规律的底线所在。

中国人自古以来信奉"协和万邦""己所不欲，勿施于人""以和为贵"的理念，这是刻在中国人骨子里的文化基因。中国共产党始终致力于追求全人类共同利益，实现各国人民共同福祉，建设更加美好的世界。因此，中国绝不会像美国一样搞霸权主义、利己主义，绝不会和他国搞零和博弈、单边主义，绝不会走上"国强必霸"的道路。中国参与世界竞争与构建人类命运共同体相辅相成，共同推动人类社会的发展和进步。进入新时代以来，中国进一步寻求与他国的合作关系，争取在竞争的大环境下求合作，以"人类命运共同体"理念擘画前路。目前，我国已成为140多个国家和地区的主要贸易伙伴，货物贸易总额居世界第一。中国倡导各国合作共建"一带一路"给世界共同繁荣带来更多机遇，已吸引全球超过四分之三的国家参与，帮助越来越多的国家加快经济发展。

在全球化的背景之下，我们应该在维护世界和平、促进共同发展的外交宗旨上，构建具有中国特色的世界竞争观。提倡良性竞争、合作竞争，在竞争中求合作、在合作中谋共赢，从而实现中华民族伟大复兴和构建人类命运共同体的有机统一。

二、马克思主义执政党必须要有"十八般武艺"

为政之要，惟在得人。用非其才，必难致治。党员干部是党和国家事业的中坚力量，是贯彻落实党和国家方针政策的骨干队伍。党的二十大报告强调，全面建设社会主义现代化国家，必须有一支政治过硬、适应新时代要求、具备领导现代化建设能力的干部队伍。干部能力建设不仅是领导干部自身的事情，而且是党和国家事业发展的组成部分。提升干部能力，是建设政治过硬、本领高强的高素质专业化干部队伍的题中应有之义，也是推进社会主义现代化强国建设的必然要求。面对日趋复杂的国际国内环境以及持续深化的改革布局，尤其需要提升各级领导干部的能力素质，克服本领不足、本领恐慌、本领落后的问题，马克思主义执政党要持续锻造"十八般武艺"，才能在新征程中做到担重任、堪大用。

马克思主义执政党需要什么样的"十八般武艺"？干部是我们党

最宝贵的财富之一，习近平总书记指出："一个政党、一个国家能不能不断培养出优秀领导人才，在很大程度上决定着这个政党、这个国家的兴衰存亡。"①落实党的路线、方针、政策，关键要靠干部。干部本领高不高、能力强不强，直接关系国家制度优势能否转化为国家治理效能。党的十八大以来，习近平总书记将干部能力建设提升到全局高度和战略视角，视之为治国理政的关键要素，作出了一系列战略部署，提出了一系列具体要求。在党的十九大报告中，习近平总书记进一步提出干部"既要政治过硬，也要本领高强"，明确指出干部需要增强学习本领、政治领导本领、改革创新本领、科学发展本领、依法执政本领、群众工作本领、狠抓落实本领、驾驭风险本领等"八项本领"。习近平总书记在2020年秋季学期中央党校中青年干部培训班的开班仪式上指出："面对复杂形势和艰巨任务，我们要在危机中育先机、于变局中开新局，干部特别是年轻干部要提高政治能力、调查研究能力、科学决策能力、改革攻坚能力、应急处突能力、群众工作能力、抓落实能力，勇于直面问题，想干事、能干事、干成事，不断解决问题、破解难题。"②从增强"八项本领"到提高"七种能力"，既体现新时代干部队伍建设思路的逻辑延续，又展现新形势下干部队伍建设工作的创新要求，是党执政理念和治国方略的鲜明体现和重要组成部分。

"八项本领""七种能力"是干部能力的集中体现，是马克思主义执政党需要练好的武艺。二者相互联系、相辅相成、密不可分，涵盖了干部履职尽责的各个方面。"八项本领"侧重于从宏观层面对干部

---

① 习近平：《努力造就一支忠诚干净担当的高素质干部队伍》，《求是》2019年第2期。
② 《年轻干部要提高解决实际问题能力 想干事能干事干成事》，《人民日报》2020年10月11日第1版。

能力提出要求，以克服本领恐慌，增强执政本领。在"八项本领"当中，学习本领既是本领内容，又是提升本领的方法；政治领导本领是核心要求，突出把方向、谋大局、定政策、促改革，以及保持政治定力、驾驭政治局面、防范政治风险方面的本领；改革创新本领、科学发展本领、依法执政本领、群众工作本领、狠抓落实本领、驾驭风险本领则分别强调干部在开展各领域工作中所展现的专业性、创造性和主动性。

"七种能力"侧重于从中观层面对干部能力提出要求，以应对复杂局面完成艰巨任务。在"七种能力"当中，政治能力是第一位的，是把握方向、把握全局、辨别政治是非、把握政治主动的能力；调查研究能力、科学决策能力和抓落实能力体现的是干部在开展具体工作中的科学方法和务实态度，是干部综合能力的具体体现；改革攻坚能力、应急处突能力、群众工作能力则体现为干部在抓具体领域工作当中展现的担当精神和扎实作风，是干部开展专项工作能力的具体体现。"七种能力"是一个相互联系的整体，具有明显的整体性。如果把新时代干部的能力体系比喻成一列奔驰的高速列车，那么政治能力是列车的方向导航系统，调查研究能力是列车的路况显示系统，科学决策能力是列车的电脑软件系统，改革攻坚能力是列车的电力驱动系统，应急处突能力是列车的危机排除系统，群众工作能力是列车的车厢服务系统，抓落实能力是列车的行驶推进系统，七大系统相辅相成，形成了不可分割的有机整体，能够发挥强大的综合效应。"七种能力"的着眼点是全面提高干部队伍建设水平，推动国家治理体系与治理能力现代化，从而为实现中华民族伟大复兴的中国梦提供坚强保证；"七种能力"的着力点是推动干部想干事、能干事、干成事，解决实际问题，从而为应对当前复杂形势、完成历史使命任务、实现未来发展目标提供坚实支撑；"七种能力"的落脚点是积极回应党和国家事业的发展需求和人民群众的现实关切，最终实现"以人民为中心"的科学发展。

干部的"八项本领"与"七种能力"都是必修课，而不是选修课。从增强"八项本领"到提高"七种能力"，形成了干部队伍能力建设的完整论述，体现了新时代干部能力要求的科学性、整体性与原则性，是新时代马克思主义执政党真正需要锤炼的"十八般武艺"。

马克思主义执政党怎么练好"十八般武艺"？当今世界正经历百年未有之大变局，我国发展的内部条件和外部环境正在发生深刻复杂变化。全党同志特别是各级领导干部要有本领不够的危机感，以时不我待的精神，一刻不停增强本领。提升干部能力是克服"本领恐慌"的重要路径。面对复杂形势要做到"不畏浮云遮望眼"，就必须树立本领恐慌的忧患意识，着力提升干部能力素质。领导干部要始终保持战略远见、战略定力和战略自信，对"国之大者"要心中有数，处理好"危机"与"机遇"，"外因"与"内因"的关系，要着力提升敢于斗争、善于斗争的能力，敢于在大是大非面前亮剑，敢于在矛盾冲突面前挺身而出，敢于在危机、困难面前迎难而上；要着力提升为人民服务的能力，始终保持党同人民群众的血肉联系，同人民群众想在一起、干在一起，把人民对美好生活的向往作为根本的奋斗目标。党员领导干部修炼"十八般武艺"，注重锻造适应新时代中国特色社会主义发展要求的能力，这是我们在新时代肩负伟大历史使命、实现伟大目标所迫切需要的能力。

提高政治能力。习近平总书记强调："把党和人民事业长长久久推进下去，必须增强政治意识，善于从政治上看问题，善于把握政治大局，不断提高政治判断力、政治领悟力、政治执行力。"①党员干部应通过学习党的理论和路线方针政策，深化对马克思主义的理解，增强对党的先进性和纯洁性的认识，提高党性修养。现在，国内外环境正在发生深刻复杂变化，对干部政治上的考验是很现实、很严峻的，如果政治素质不过硬，就经不起风吹浪打，关键时刻就会私心杂念丛生，甚至临阵脱逃。因此，党员干部必须坚持把政治能力放在首位，坚定拥护"两个确立"、坚决做到"两个维护"，在思想上政治上行动上始终同以习近平同志为核心的党中央保持高度一致。

提高调查研究能力。调查研究是我们党的传家宝，是做好各项工作的基本功。新时代，党员干部唯有准确把握调研特点规律，运用科学方法，改进工作作风，才能提高调查研究能力。焦裕禄同志在兰考的475天中，对全县149个生产大队中的120多个大队进行了走访和蹲点调研。正是这种深入的调查研究，使他在较短时间内基本掌握了内涝、风沙、盐碱的形成规律，实施了治理"三害"的正确决策。"涉浅水者得鱼虾，入深水者见蛟龙"，不深入事物内部，就不可能看到事物的本质。提高调查研究能力，必须在"艰苦深入"上用气力、下功夫。不能浮光掠影，要扑下身子；不能走马观花，要深入细致。

提高科学决策能力。科学决策是反映实践规律、推进发展进步的理性决策，是瞄准建设发展目标方向、破解制约发展问题症结的明智决策。这要求我们必须有战略性和全局性的眼光，善于从事业发展的大局观察和认识问题、透过现象抓住事物本质。避免主观臆断和个人偏见的干扰，要注重建立科学决策的思维模式。在抗疫斗

---

① 习近平：《总结党的历史经验 加强党的政治建设》，《求是》2021年第16期。

争中，关闭离汉通道无疑是危急关头最重要的决策。"作出这一决策，需要巨大政治勇气，但该出手时必须出手，否则当断不断、反受其乱。"①习近平总书记的话掷地有声。这启示领导干部，危机发生出乎意料，做出决断时间紧迫，要处变不惊、当机立断，既不能存畏惧心理、抱侥幸心态，也不能对风险的信号反应迟钝，对危机的处理举棋不定，而要做到"快而准""全而强""智而勇"。

提高改革攻坚能力。习近平总书记指出："改革攻坚要有正确方法，坚持创新思维，跟着问题走、奔着问题去，准确识变、科学应变、主动求变，在把握规律的基础上实现变革创新。"②改革的实质在于利益格局的重构，是一场实打实动刀子、触利益的革命，必定会触动到某些人的利益，遭受各种挑战和阻挠。党员干部要以"越是艰险越向前"的英雄气概和"狭路相逢勇者胜"的斗争精神，以"咬定青山不放松""敢教日月换新天"的决心和担当，不管遇到什么样的问题、多大的阻力，都彻彻底底将改革进行到底，成为有决心有担当的改革实干家。同时，党员干部要提高改革攻坚能力，必须时刻把满足人民对美好生活的需求作为工作的出发点和落脚点，把人民高兴不高兴、满意不满意、答应不答应作为检验各项工作的标准，切实维护好最广大人民群众的根本利益。

提高应急处突能力。习近平总书记强调："我们党一步步走过来，很重要的一条就是不断总结经验、提高本领，不断提高应对风险、迎

---

① 习近平：《在统筹推进新冠肺炎疫情防控和经济社会发展工作部署会议上的讲话》，《人民日报》2020年2月24日第2版。
② 《年轻干部要提高解决实际问题能力 想干事能干事干成事》，《人民日报》2020年10月11日第1版。

接挑战、化险为夷的能力水平。"①历史和现实也反复向我们证明，只有不断提高应急处突能力，我们才能有效防范和化解重大风险，才能应对、处理好各种挑战，才能在危机中育先机、于变局中开新局，才能保障国家安全和经济社会的平稳运行。党员干部要提高政治判断、源头治理、动态管理、应急处置相结合的综合管理能力，依靠预见性、洞察力和工作经验来规避自然灾害、事故灾难、公共卫生事件和社会安全事件的风险，变被动为主动，确保应急处突工作扎实高效落实。党员干部要成为所在工作领域的行家里手，通过日常小矛盾局部冲突化解的锻炼，不断提高自身应急处突的见识和胆识。党员干部还要注意"吃一堑，长一智"，紧密结合应对风险实践，趁热打铁，就地总结，深刻查找工作和体制机制上的漏洞，从教训中深度学习深刻反思。

提高群众工作能力。群众路线是我们党的生命线和根本工作路线，是我们党永葆青春活力和战斗力的重要"传家宝"。党员干部要始终保持为民服务的宗旨，关注群众的疾苦和诉求，以人民为中心，坚持以群众的利益为出发点和落脚点。实施脱贫攻坚以来，习近平总书记从华北平原到西南边陲，从大别山区到秦巴腹地，从土家苗寨到雪域高原，从"苦瘠甲天下"的甘肃定西到"隔山走一天"的四川大凉山，走遍全国14个集中连片特困地区。从实现好、维护好、发展好广大人民群众根本利益入手，使我们党为民服务的宗旨、为民尽职的情怀和为民担当的气魄得以不断发扬光大。江山就是人民，人民就是江山。党员干部必须始终站稳人民立场，勇于直面问题，善于破解问题，不断解决问题，不断提高群众工作能力。

---

① 习近平：《在党史学习教育动员大会上的讲话》，《求是》2021年第7期。

提高抓落实能力。为学之实，固在践履。如果没有落实，再好的政策都只是纸上谈兵，再美的蓝图都将是镜花水月。抓落实是做事、创业之要，是我们党的优良传统，也是年轻干部工作的基本环节。干事业不能做样子，必须脚踏实地，抓工作落实要以上率下、真抓实干。特别是主要领导干部，既要带领大家一起定好盘子、理清路子、开对方子，又要做到重要任务亲自部署、关键环节亲自把关、落实情况亲自督查，不能高高在上、凌空蹈虚，不能只挂帅不出征。干事业就要有钉钉子精神，抓铁有痕、踏石留印，稳扎稳打向前走，过了一山再登一峰，跨过一沟再越一壑，不断通过化解难题开创工作新局面。抓落实能力绝非一时一日之功，也不是一朝一夕能至，党员干部要一步一个脚印走，一锤接着一锤敲，一棒接着一棒跑，才能取得扎实成效。

当前，我国进入全面建设社会主义现代化强国、向第二个百年奋斗目标进军的发展阶段，中华民族伟大复兴向前迈出了新的一大步。今后一个时期，我国发展仍然处于重要战略机遇期，但机遇和挑战都有新的发展变化。面对新的复杂形势和艰巨任务，干部特别是年轻干部要善于在危机中发现和抓住关键时机，不畏艰难、勇挑重担，在解决实际问题中不断增强"八项本领"，持续提高"七种能力"，才能做到"乱云飞渡仍从容"，才能实现于危机中育先机、于变局中开新局。

三、"两个大局"考验党的执政能力和领导水平

回顾党的百多年历程，我们历来高度重视全党特别是领导干部的学习和能力水平提升。早在延安时期，毛泽东同志就指出："我们

队伍里边有一种恐慌，不是经济恐慌，也不是政治恐慌，而是本领恐慌。"①改革开放之初，邓小平同志强调，要重视和研究党的执政能力问题，"不好好研究这个问题，不解决这个问题，坚持不了党的领导，提高不了党的威信"②。习近平总书记指出："要增强学习本领，在全党营造善于学习、勇于实践的浓厚氛围，建设马克思主义学习型政党，推动建设学习大国。"③习近平总书记强调："领导干部要胸怀两个大局，一个是中华民族伟大复兴的战略全局，一个是世界百年未有之大变局，这是我们谋划工作的基本出发点。"④可以说，统筹"两个大局"，是中华民族伟大复兴进入关键时期的方法论；胸怀"两个大局"，是在新形势新变局新机遇下的实践论。世界正经历百年未有之大变局，变局中危机和机会同生共存，要立足"两个大局"，坚持用全面的、辩证的、长远的眼光，解决伟大复兴道路上出现的各种问题，坚守政治方向、发扬斗争精神、增强忧患意识，在危机中育新机、于变局中开新局。

正确理解把握世界百年未有之大变局。2017年12月28日，习近平总书记在接见回国参加驻外使节工作会议的全体使节时首次提出"百年未有之大变局"论断。他指出："放眼世界，我们面对的是百年未有之大变局。新世纪以来一大批新兴市场国家和发展中国家快速发展，世界多极化加速发展，国际格局日趋均衡，国际潮流大势不可

---

① 《毛泽东文集》（第二卷），人民出版社1993年版，第178页。
② 《邓小平文选》（第二卷），人民出版社1994年版，第271页。
③ 习近平：《决胜全面建成小康社会 夺取新时代中国特色社会主义伟大胜利——在中国共产党第十九次全国代表大会上的报告》，《人民日报》2017年10月28日第1版。
④ 《习近平谈治国理政》（第三卷），外文出版社2020年版，第77页。

逆转。"①这是以习近平同志为核心的党中央对当今国际格局与发展趋势作出的重要战略论断。百余年前，西方列强凭借着资本主义工业化发展带来的经济、军事实力开始四处掠夺、侵略弱小的民族和国家，这其中也包括中国。西方列强联合起来抢夺中国资源、霸占中国领土，中国人民任人宰割，中国国家主权丧失，中华民族灾难深重。百余年后的今天，世界和中国的局势发生了前所未有的变化，产生了巨大而深远的影响，因此形成了"世界百年未有之大变局"。百年未有之大变局体现在多个方面、多重维度。

经济力量的变化前所未有。当前国际经济形势发生重大变化，金砖国家进一步深化经济协作体系建设。2023年8月，金砖国家宣布扩员，邀请沙特、埃及、阿联酋、阿根廷、伊朗、埃塞俄比亚正式成为金砖大家庭成员。至此，"金砖国家"成员由成立之初的4个发展为现在的11个，这一次金砖国家数量直接翻了一番。金砖国家彼此间贸易占各自国家贸易额比重呈上升态势，在金砖机制扩员前，巴西、南非和俄罗斯与其他金砖成员国贸易比重成倍增长，分别从2006年的10.4%、6.5%和6.4%提升至2022年的29.8%、21.3%和15.1%。中国与其他金砖国家之间的贸易增速与中国整体贸易增速走势一致，2006—2022年占中国贸易比重从4.5%增长至7.8%。根据世界银行发布的2022年经济统计数据计算，扩员后，金砖国家GDP之和占全球GDP的比重将从此前的25.77%增加到28.99%。过去20年，新兴市场国家和发展中国家对世界经济增长的贡献率高达80%；过去40年，GDP的全球占比从24%增至40%以上。世界经济总量与增长的重心，

① 《习近平接见二〇一七年度驻外使节工作会议与会使节并发表重要讲话》，《人民日报》2017年12月29日第1版。

逐渐向东方"回归"。①

政治话语权的变化前所未有。长期以来，以美国为首的西方国家掌握政治话语权，导致全世界政治话语体系总体呈现"北强南弱""西强东弱"的特征，西方国家行使话语霸权，打压社会主义国家和发展中国家，抛出了"文明冲突论""中国威胁论""大国冲突论"等概念，使西方话语的影响遍布全球。但随着近些年新兴经济体的崛起，中国、印度等发展中国家采取诸多措施积极参与全球治理，以上海合作组织、金砖国家、二十国集团等为代表的一系列国际合作组织增强了新兴经济力量在国际事务中的话语权，为全球话语格局的变革创造了积极条件，对西方国家主导的国际话语秩序造成了较大的冲击。由西方主导、美国独霸的世界政治话语体系结构不断削弱，这种改变将持续推动人类社会的进步与发展。

中国历史性的变化前所未有。今日之中国，不仅是中国之中国，而且是世界之中国。中国已经从过去的半殖民地半封建社会成为现在世界第二大经济体。百余年来风雨兼程、沧桑巨变，中国共产党团结带领中国人民取得了革命、建设、改革的伟大成就，中华民族迎来了从站起来、富起来到强起来的伟大飞跃，实现了第一个百年奋斗目标，在中华大地上全面建成小康社会，历史性地解决了绝对贫困问题，如今正在向全面建成社会主义现代化强国的第二个百年奋斗目标迈进。中国历史性的崛起变化前所未有，面临的考验、挑战和困难也前所未有。

站在"全局"高度、"变局"角度提升党的能力水平。党的十九

---

① 参见中华人民共和国国家统计局：《金砖国家联合统计手册（2022）》，中国统计出版社 2022 年版。

届五中全会强调，全党要统筹中华民族伟大复兴战略全局和世界百年未有之大变局，深刻认识我国社会主要矛盾变化带来的新特征新要求，深刻认识错综复杂的国际环境带来的新矛盾新挑战，增强机遇意识和风险意识，立足社会主义初级阶段基本国情，保持战略定力，办好自己的事，认识和把握发展规律，发扬斗争精神，树立底线思维，准确识变、科学应变、主动求变，善于在危机中育先机、于变局中开新局，抓住机遇，应对挑战，趋利避害，奋勇前进。在新时代我们面临着新机遇新挑战，要实现中华民族伟大复兴的宏伟目标，中国共产党必须不断提升执政本领和领导水平，勇于并善于应对各种风险挑战。

在把握大局中坚守政治方向。关于政治方向的问题，长征途中，红军过草地的时候，伙夫同志一起床，不问当天有没有米煮饭，却先问向南走还是向北走。这说明在红军队伍里，即便是一名炊事员，也懂得方向问题比吃什么更重要。这深刻阐明了找准政治方向的重要性。习近平总书记指出：“政治方向是党生存发展第一位的问题，事关党的前途命运和事业兴衰成败。”①现如今我们站在“两个大局”历史交汇处，在认清大局大势的前提下必须保持政治定力，要始终坚守共产主义远大理想和中国特色社会主义共同理想、“两个一百年”奋斗目标、党的基本理论基本路线基本方略的政治方向。要把党的全面领导贯穿各项工作的全过程，站稳政治立场、把准政治方向，以党的旗帜为旗帜、以党的方向为方向、以党的意志为意志，集中精力、全心全意做好我们自己的事情。

---

① 《把党的建设作为党的根本建设 为党不断从胜利走向胜利提供重要保证》，《人民日报》2018年7月1日第1版。

在把握大局中发扬斗争精神。党的十九大报告明确指出，社会是在矛盾运动中前进的，有矛盾就会有斗争。我们党要团结带领人民有效应对重大挑战、抵御重大风险、克服重大阻力、解决重大矛盾，必须进行具有许多新的历史特点的伟大斗争，任何贪图享受、消极懈怠、回避矛盾的思想和行为都是错误的。这就要求我们党传承和发扬大无畏的革命斗争精神，直面"两个大局"进程中的风险考验和困难挑战。新时代需要应对的风险考验、需要解决的困难挑战，比过去更加错综复杂、扑朔迷离。在社会不断发展前进的过程中，我们要争做敢于斗争、善于斗争的勇士，辨明正确的斗争方向，磨炼顽强的斗争意志，培养过硬的斗争本领，积极主动投身到各种伟大斗争中去。

在把握大局中增强忧患意识。"两个大局"交汇碰撞产生了复杂多变的局面。当今世界正在经历百年未有之大变局，在实现中华民族伟大复兴的道路上不是一帆风顺的，一路上荆棘丛生，我们发展得越壮大，遇到的困难和阻力就会越大，面临的外部风险也会增多。面对国际风云变幻和严峻挑战，要统筹把握大局，增强忧患意识，提高对潜在风险的预防和处置。习近平总书记指出："当前，我国正处于一个大有可为的历史机遇期，发展形势总的是好的，但前进道路不可能一帆风顺，越是取得成绩的时候，越是要有如履薄冰的谨慎，越是要有居安思危的忧患，绝不能犯战略性、颠覆性错误。"①在治党治国中必须做到未雨绸缪，防患于未然，更好地推动中国式现代化这艘"巨轮"乘风破浪、扬帆远航。

---

① 《以时不我待只争朝夕的精神投入工作 开创新时代中国特色社会主义事业新局面》，《人民日报》2018年1月6日第1版。

四、完善党的领导体制，改进党的领导方式

党政军民学，东西南北中，党是领导一切的。党的领导体制是指对国家权力机关、党组织自身统领关系的体制，包括领导原则、领导方式、组织形式、工作制度等方面的内容。党的领导方式是我们党对国家事务和社会事务，以及经济文化事业进行政治、思想和组织领导的实现形式、方法、手段和途径的总称。"党的全面领导"已成为一种全新的领导体制和领导方式。其具体表现为党总揽全局、协调各方的领导体制，以人民为中心、法治为基础、德治为保障、党的自我革命来保证正确方向的领导方式。

党的领导体制与领导方式的优越性。回望党百余年奋斗历程，中国人民和中华民族能取得今天的伟大成就，最根本的原因是有中国共产党的坚强领导。在新民主主义革命时期，中国共产党团结带领中国人民，浴血奋战、百折不挠，彻底结束了旧中国半殖民地半封建社会的历史，废除了列强强加给中国的不平等条约和帝国主义在中国的一切特权，建立了人民当家作主的中华人民共和国，实现了民族独立、人民解放。在社会主义革命和建设时期，党领导人民在旧中国一穷二白的基础上，努力探索符合中国国情的社会主义建设道路，建立和巩固人民民主专政的国家政权，在自力更生中推动了新中国工业、农业、国防和科学技术等方面的重大发展。在改革开放和社会主义现代化建设时期，党团结带领中国人民实现了从高度集中的计划经济体制到充满活力的社会主义市场经济体制、从封闭半封闭到全方位开放的历史性转变，实现了从生产力相对落后的状况到经济总量跃居世界第二的历史性突破，实现了人民生活从温饱不足到总体小康、奔向全面

小康的历史性跨越，实现了中华民族从"站起来"到"富起来"的伟大飞跃，为实现中华民族伟大复兴提供了充满新的活力的体制保证和快速发展的物质条件。在新时代，中国共产党团结带领中国人民，自信自强、守正创新，统揽伟大斗争、伟大工程、伟大事业、伟大梦想，创造了新时代中国特色社会主义的伟大成就。

党的领导体制是一个不断完善的过程。党的领导制度在新民主主义革命和社会主义革命过程中得以形成。在这场革命中，中国共产党先后建立起党领导的工农苏维埃政权、抗日根据地"三三制"政权。1942年9月，党中央建立以党为中心的一元化领导体制，1948年9月，毛泽东同志为党中央起草的《关于健全党委制》的决定指出："党委制是保证集体领导、防止个人包办的党的重要制度。"①此后，党委制成为实行集体领导、防止个人决定重要问题的组织形式。中华人民共和国成立后，中国共产党实现了从局部执政到掌握全国政权，建立起新民主主义政权，工人阶级通过自己的先锋队中国共产党实现了对国家及其政府的领导。1954年颁布的宪法将民主集中制确定为国家机关的组织原则，肯定了在中国共产党领导下取得的历史性成就，明确了中国共产党在人民民主统一战线中的领导地位，正式将中国共产党的领导融入国家制度。1956年，党的八大创立了中央政治局常委会集体领导这一核心领导制度。1957年，为正确处理人民内部矛盾，毛泽东同志提出六条政治标准，其中最重要的是社会主义道路和党的领导两条。在党的领导下，克服了国民经济发生的严重困难，社会主义建设取得伟大成绩。总结党的领导历史经验，1962年，毛泽东同志提出："工、农、商、学、兵、政、党这七个方面，党是领导一切的。党要

---

① 《毛泽东选集》（第四卷），人民出版社1991年版，第1340页。

领导工业、农业、商业、文化教育、军队和政府。"①

党的领导制度在改革开放的伟大革命中得以改善。党的十一届三中全会后，邓小平同志提出党和国家领导制度改革新课题，指出我们要改善党的领导，除了改善党的组织状况以外，还要改善党的领导工作状况，改善党的领导制度，第一次明确提出"党的领导制度"概念。党的领导制度改革，是为了改进党的领导，使党的领导更能适应社会主义现代化建设的需要。为反对资产阶级自由化，邓小平同志提出坚持四项基本原则，其中核心的是坚持党的领导。1993年3月，八届全国人大一次会议修改宪法，将"中国共产党领导的多党合作和政治协商制度将长期存在和发展"载入宪法序言，从国家基本政治制度层面明确了中国共产党领导的制度。1997年，党的十五大提出依法治国基本方略，明确了实现党的领导制度化、法律化的基本含义，从制度和法律上保证党的基本路线和基本方针的贯彻实施，保证党始终发挥总揽全局、协调各方的领导核心作用。

党的领导制度在新时代继续推进的伟大革命中得以加强和完善。党的十八大以来，以习近平同志为核心的党中央全面加强党的领导和党的建设，使党在革命性锻造中更加坚强，焕发出新的强大生机活力，从而也使党的领导制度得到全面加强和完善。2013年5月，《中国共产党党内法规制定条例》和《中国共产党党内法规和规范性文件备案规定》发布，使我们党首次拥有了党内的"立法法"。党的十九大对党章作出重大修改，及时将加强党的领导有关内容写入党章，使党在新时代中国特色社会主义事业中的领导核心地位更加明确，同时完善了"五位一体"总体布局、"四个全面"战略布局等

---

① 《建国以来毛泽东文稿》第十册，中央文献出版社1996年版，第36页。

内容。党章的修改为我们党更好地承担起执政兴国历史使命提供了新的根本遵循。党的十九届四中全会提出："健全总揽全局、协调各方的党的领导制度体系，把党的领导落实到国家治理各领域各方面各环节。"①党的二十大报告中强调："健全总揽全局、协调各方的党的领导制度体系，完善党中央重大决策部署落实机制，确保全党在政治立场、政治方向、政治原则、政治道路上同党中央保持高度一致，确保党的团结统一。"②新时代党的领导制度体系的进一步坚持和完善，增强了党的创造力、凝聚力、战斗力，使我们党在新时代更好地承担起光荣而艰巨的历史使命，为全面实现"两个一百年"奋斗目标和中华民族伟大复兴中国梦提供有力的制度保障和坚强的政治保证。

新时代党的领导体制完善路径。从历史上看，中华民族由近代不断衰落到根本扭转命运、持续走向繁荣富强的历史进程表明，推动中国的发展进步、实现中华民族伟大复兴，离不开中国共产党领导。只有坚持和完善党的领导，才能确保党和国家长治久安，才能确保全国人民富裕安康。在新征程上，我们要继续坚持以党的旗帜为旗帜、以党的方向为方向、以党的意志为意志。根据《中共中央关于加强党的政治建设的意见》文件精神，新时代党的领导体制完善，一是要坚持以党章为依据。党章是管党治党的总章程、总规矩，是中国共产党实施领导和执政活动的根本规则，要坚持和完善党的领导制度体系，制定和修改有关法律法规，明确规定党领导相关工作的法律地位。二是

---

① 《中共十九届四中全会在京举行》，《人民日报》，2019年11月1日第1版。
② 习近平：《高举中国特色社会主义伟大旗帜 为全面建设社会主义现代化国家而团结奋斗——在中国共产党第二十次全国代表大会上的报告》，《求是》2022年第21期。

要完善各级党委实施党的领导制度。完善地方党委、党组、党的工作机关实施党的领导的体制机制，建立健全国有企业党委（党组）和农村、事业单位、街道社区等基层党组织发挥领导作用的制度规定。三是要坚持党总揽全局、协调各方的领导核心地位。强化制度执行力，抓好各级单位落实党中央工作部署情况，加强制度执行的监督，切实把我国制度优势转化为治理效能。四是要以推进党和人民事业发展为导向，健全为人民执政、靠人民执政的各项制度，时刻保持党同人民群众血肉联系、厚植党的群众基础。

党的领导方式是一个不断改进的过程。中国共产党作为最高政治领导力量，通过什么样的方式实现对国家政权、社会各方面的领导，保证党的政治路线、政治目标、政治任务得到有效贯彻与实现，从而体现党和国家事业的领导核心，始终是我们必须面对和解决的基本问题。早在革命战争时期，毛泽东同志就高度重视党的领导方式与方法问题，他认为，党的领导方式与方法决定着目标的实现程度。领导方式与方法是过河的"桥"与"船"。"我们不但要提出任务，而且要解决完成任务的方法问题。我们的任务是过河，但是没有桥或没有船就不能过，不解决桥或船的问题，过河就是一句空话。"①回望百余年党史，党的领导方式也经历了从发端、建立到逐步完善的过程。在新民主主义革命时期，党的中心任务是领导广大群众进行革命战争，一切为了革命战争的胜利，一切服从革命战争。加之没有全国性政权，因此，当时党的领导方式的主要特点是：一元化领导，即主要靠政策领导。党通过靠政策、靠权威的力量和直接引导的领导方式完全适应了

---

① 《毛泽东选集》（第一卷），人民出版社 1991 年版，第 139 页。

当时的革命形势、政治任务和客观情况，是当时唯一的选择，因而有效地实现了党对群众的领导，最终取得了新民主主义的胜利。1949年中华人民共和国成立标志着中国共产党成为全国执政党，党的中心任务发生了根本性的变化，党的领导的内涵、要求和方式也要随之变化。

在社会主义革命和建设时期，党的中心工作为发展经济和社会的全面建设，但党在战争时期形成的领导方式被延续下来，在决策与执行中实行单一化领导，党政不分，忽视了党员个人和非党组织的多样化执行作用。这种领导方式的直接后果就是以党代政，权力高度集中，这个问题长期以来没有引起足够的重视，成为"文化大革命"发生的一个重要原因。

党的十五大明确提出了依法治国、建设社会主义法治国家的政治纲领，并把依法治国确立为党领导人民治理国家的基本方略，这一纲领随后第一次被载入宪法。党的十六届四中全会第一次提出科学执政、民主执政、依法执政的执政理念，这是党的领导方式和执政方式的重要创新。

进入新时代，党的领导方式实现了历史性创新和历史性跨越。党的十八大报告中提出建设服务型执政党，着眼于执政理念和执政方式的务实转变，坚持以"法治保障"为导向，体现了社会管理与依法治国的结合。党的十八届三中全会提出全面深化改革的总目标是完善和发展中国特色社会主义制度，推进国家治理体系和治理能力现代化。党的十九大鲜明提出把党的群众路线贯彻到治国理政全部活动之中。党的二十大报告强调：全党必须牢记，坚持党的全面领导是坚持和发展中国特色社会主义的必由之路，中国特色社会主义是实现中华民族伟大复兴的必由之路，团结奋斗是中国人民创造历史伟业的必由之路，贯彻新发展理念是新时代我国发展壮大的必由之路，全面从严治党是党永葆生机活力、走好新的赶考之路的必由之路。

党的领导方式、执政方式不断完善。不断完善党的领导方式和执政能力是我们党执政半个多世纪的经验总结，是提高党的执政水平和执政能力的内在要求，也是党在新世纪新阶段正确应对严峻挑战、顺利完成历史使命的客观需要。根据《中共中央关于加强党的政治建设的意见》文件精神，改进党的领导方式，一是要以民主集中制为基础，把党内民主和正确实行集中有机结合起来，运用民主的办法汇集意见、科学决策，坚持"四个服从"、坚持集体领导和个人分工负责相结合。二是要坚持群众路线，通过官方网站、微信、微博等融媒体的形式与人民群众进行密切联系，及时反映群众的呼声，扩大汇集民智民力的途径，汇集民智民力，把党的主张变为群众自觉行动，坚持把群众满意与否作为评价工作得失的标准，把人民群众对美好生活的向往作为工作的最终目标。三是要坚决反对"四风"，特别是形式主义、官僚主义，加强自律，坚持自重、自省、自警、自励。四是要坚持依法执政，工作中维护宪法和国家法律法规的权威，注重运用法治思维和法治方式办事创业，注重培养人民的法律意识，在全社会范围内形成尊法学法守法用法的良好氛围。

与西方政党的领导方式相比，"党的全面领导"有着独特的优势。西方国家主要实行两党制或多党制，谁竞选上台谁就是执政党，谁就可以领导这个国家。以实行两党制的典型国家美国为例，民主党与共和党在国家政治生活中占据重要位置，行政、立法、司法机构实行三权分立、三权分制，各州拥有自己独立的立法权、行政权，执政党执政遵循的理念核心就是持续巩固自己对于政权的控制。而中国共产党领导全国人民夺取了脱贫攻坚战全面胜利，人民生活水平不断提高、人民生活满意度不断提升，中国特色社会主义道路符合我国国情和实际，"党的全面领导"是马克思主义中国化时代化的成果，优于西方执政体制。

五、坚持科学执政、民主执政、依法执政

一分部署，九分落实。深入推进国家治理体系和治理能力现代化为推进中国式现代化提供制度保障和强大动力，但如何运用制度和法律治理国家，从而把各方面制度优势不断转化为治理效能，考验着我们的执政水平，锤炼着我们的治理能力。现代社会是一个追求科学、民主、法治的社会，"互联网+"时代尤其如此。与之相适应，现代执政必须实行科学执政、民主执政、依法执政，在适应国家现代化总进程中不断提高科学执政、民主执政、依法执政水平。

科学执政、民主执政、依法执政是一个统一体。时代出课题，思想解难题。2004年召开的党的十六届四中全会从总结执政经验和凝练执政能力建设目标的高度，首次对中国共产党的执政问题作出了明确的回答：必须坚持科学执政、民主执政、依法执政，不断完善党的领导方式和执政方式。党的二十大报告指出，坚持科学执政、民主执政、依法执政，贯彻民主集中制，创新和改进领导方式，提高党把方向、谋大局、定政策、促改革能力，调动各方面积极性。拥有科学系统的执政理念，是党和国家砥砺前行、走向兴盛至关重

要的因素。科学的执政方式能合理配置和充分利用执政资源，降低执政成本，提高执政效率。坚持科学执政、民主执政、依法执政，是我们党改造中国的有效途径和方法，也是党的执政能力建设的正确指向。中国共产党作为世界第一大执政党，执掌国家政权已有70多年历史，积累了丰富的执政经验，取得卓越的执政绩效，拥有深厚的群众根基。

科学执政、民主执政、依法执政"三位一体"，共同构成党的执政方式，反映党的执政理念和执政规律。科学执政强调执政的科学性，民主执政强调执政的为民性，依法执政强调执政的合法性，三者结合在一起，勾画出党执政方式的完整框架，体现了党的领导、人民当家作主和依法治国的有机统一。能否坚持科学执政、民主执政、依法执政，是衡量中国共产党执政能力和水平的试金石。所谓科学执政，就是要深刻把握共产党的执政规律、社会主义建设规律和人类社会发展规律，不断提高以科学的思想、科学的制度、科学的方法领导中国特色社会主义事业的本领，坚持党的领导、人民当家作主、依法治国有机统一，把党的执政活动建立在更加自觉地运用客观规律的基础之上。所谓民主执政，就是在治国理政中既要为人民执政又要靠人民执政，坚持人民当家作主是社会主义民主政治的本质和核心，把党的领导与发展社会主义民主政治有机统一起来，以发展党内民主带动人民民主，实现人民当家作主的制度化、规范化、程序化。所谓依法执政，就是党要坚持依法治国，领导立法，带头守法，保证执法。党在宪法和法律范围内活动，依照宪法和法律的规定来治理国家和管理社会事务，使各种制度和法律不因领导人的改变而改变，不因领导人看法和注意力的改变而改变，使党员干部特别是领导干部成为遵守宪法和法律的模范。

科学执政、民主执政和依法执政不是彼此孤立的，而是紧密联系、有机统一的整体。首先，民主执政和依法执政互为条件、不可分割。民主离不开法治，法治也离不开民主。当今有的人有一种模糊认识，认为要先搞法治后搞民主，重法治而轻民主，这是站不住的。中国的历史经验对此提供了最好的脚注。早在春秋时期，就有以"法"治国的主张，到了战国时期，法家成为影响较大的政治思想派别。问题是，法家虽主张"法治"，但其重点却在于"重刑少赏"，以法为教，以吏为师，甚至是弱民、愚民，把民众变成法的奴仆，根本没有依法制约统治者的思想。由于缺乏民主制度的支撑，中国古代所谓的"法治"实际上就只能变成君主的个人专制亦即"人治"，而不是真正的"法治"。改进党的领导方式和执政方式，必须把依法执政和民主执政有机统一起来，把党的领导、人民当家作主、依法治国有机统一起来，把权力关进制度的笼子。其次，只有坚持民主执政和依法执政，才能真正实现科学执政。科学执政的前提是遵循共产党的执政规律，科学分析和界定执政党的政治和社会功能，厘清党与国家、政府、市场、社会的关系和界限，做到有所为而有所不为，掌握无为而无所不为的辩证法。一方面，党政军民学，东西南北中，党是领导一切的，必须坚持和加强党的全面领导。另一方面，必须在坚持社会主义市场经济和社会主义民主政治的道路上坚持和加强党的全面领导，把党的全面领导与支持人大、政府、政协、监察机关和司法机关依法依章程履行职能、开展工作、发挥作用有机结合起来。各级党组织如果管了很多管不了、管不好、不该管的事情，那就只会削弱而不是加强党的领导。所有这些，都离不开民主和法治的保障。因此，中国共产党必须把民主和法治贯彻到自身的执政过程当中，这是改进党的领导方式和执政方式、坚持和完善党的领导制度体系的根本之道。综上所述，科学执政、民主执政、依法执政是相辅相成、有机统一的，三者构成我们党执政方式的完整框架。

然而，没有有效的治理能力，再好的制度也难以发挥作用。综观世界，各国各有其治理体系，而治理能力却有或大或小的差距，甚至同一个国家在同一种治理体系下不同历史时期的治理能力也有很大差距。在长期执政的政党中，苏联共产党、日本自民党、印度国民大会党、墨西哥革命制度党等政党，曾长时期在本国乃至国际政坛上拥有举足轻重的影响力。然而，如今这些政党有的一度在大选中错失执政地位，有的已经消失在世界政党的谱系中。可以说，这些长期执政政党丧失执政地位的一个重要原因就是长期思想僵化，理论没能跟上时代发展，不仅不能指导新的实践，甚至连现实都解释不了。所以，制度的设计必须适应时代的变化，治理的脚步需要跟上发展的节拍。

有严密的制度，还要有严格的执行；有严肃的纪律，还要有严格的遵守；有严谨的设计，还要有严格的落实。当前，中国共产党带领人民朝着共同富裕、民族复兴的伟大目标奋勇前行，始终践行以人民为中心的执政理念，以"功成不必在我"的崇高境界和"功成必定有我"的责任担当，不断提升党的长期执政能力，提高党的建设科学化水平，这也是新时代背景下推进党的建设新的伟大工程的务实之举。

党如何坚持和完善科学执政？科学理论跨越历史时空，伟大思想荟萃文明精华。习近平总书记指出，调查研究是"谋事之基、成事之道^①，"正确的决策离不开调查研究，正确的贯彻落实同样也离不开调查研究"^②。坚持科学执政是历史经验的总结和现实发展的要求。党要不断地认识共产党执政规律、社会主义建设规律、人类社会发展规律等客观规律，首先需要遵循认识发展规律，即认识要经过从感性认识上升到理性认识的过程，也就是认识发展的第一次飞跃。而要实现这种飞跃，其中一个非常重要的条件就是要感觉材料十分丰富并合于实际。如果忽视了这一点，就非常容易走入教条主义的误区。党的历史上走过这样的弯路，最典型的就是王明，把马克思主义教条化，用以指导中国革命的实践，给党造成了巨大的损失。而毛泽东同志正是基于对中国实际的认识才形成了对中国革命的正确认识，才带领中国共产党取得了新民主主义革命的胜利。比如在抗日战争时期，我们党认识到中日民族矛盾日益上升为我国社会的主要矛盾，基于此正确处理了我们党和抗日民主政权之间的关系，并按照"三三制"原则组织政权，通过民主的方式确立了党的领导地位，这对党的历史影响深远。解放战争时期和中华人民共和国成立初三年我们党对党政关系的认识还是基本正确的，但是从1953年开始我们党的执政方式开始脱离实践，逐渐开始由党委取代政府的职能，尽管党的八大试图纠正这样的关系，但是并没有坚持下去。到"文化大革命"时期，我们党的执政方式严重背离了实际，出现了党政不分、以党代政。党的十一届三中全会之后，我们党根据中国发展实际，对党政关系的认识逐渐科学化。所以，今天提高党的科学执政水平首要的就是注重调查研究，唯

---

① 《加强对改革重大问题调查研究 提高全面深化改革决策科学性》，《人民日报》2013年7月25日第1版。

② 习近平：《在党的十九届一中全会上的讲话》，《求是》2018年第1期。

其如此才能把握中国发展实际，才能形成我们党对党政关系的科学认识。

　　旧制度的轨道上，生产力的新车轮注定行之不远，要迈开现代化的步伐，最根本的是在制度层面变革创新。正如习近平总书记所指出的，要靠通过不断改革创新，使中国特色社会主义在解放和发展社会生产力、解放和增强社会活力、促进人的全面发展上比资本主义制度更有效率，更能激发全体人民的积极性、主动性、创造性，更能为发展提供有利条件，更能在竞争中赢得比较优势，把中国特色社会主义制度的优越性充分体现出来。①这从国家制度文明建设层面为我们破解党的执政方式科学化难题指明了方向，即国家治理体系是"党领导下"的治理国家的制度体系。只有在坚持"党总揽全局协调各方"的执政格局前提下，才能不断提高中国共产党运用中国特色社会主义制度有效治理国家的能力，才能确保中国特色社会主义持续健康稳定发展，才能充分彰显中国特色社会主义制度的优越性。这是党对社会主义现代化规律和共产党执政规律认识的深化。

　　党如何坚持和完善民主执政？历史和现实雄辩地证明，一个政党，一个政权，其前途命运最终取决于人心向背。马克思主义权力观，概括起来是两句话：权为民所赋，权为民所用。前一句话指明了权力的根本来源和基础，后一句话指明了权力的根本性质和归宿。这一马克思主义权力观的确立，突破了中国古代"民本"思想的局限，凝聚了现代"民主"政治的精髓。尽管中国古代社会倡导"民本"，但是总的来看，历代王朝并不能够做到以民为本。究其原因，那个

---

　　① 参见冯霞：《把制度自信和制度创新统一起来》，《人民日报》2017年6月9日第7版。

时代的认识水平只局限在"民本"的层面上而缺乏"民主"的范畴，更不可能有民主政治的制度安排。因此，历朝历代在政治上实行的都是专制统治，虽然那时的统治者也不是完全不想实现"为民请命""为民做主"的理想，但由于没有解决"靠人民执政"和"权为民所赋"的问题，就只能把良好政治的希望寄托在诸如明君、贤人或清官身上，在政治生活中完全颠倒了主仆关系，这是问题的症结所在。从这个意义上说，民主执政是由马克思主义执政党的性质决定的。为了谁、依靠谁，是任何一个执政党都必须首先解决的根本性问题，也是判断执政党性质的根本依据。民主执政对党的执政本质的归纳，使它成为党的执政方式的中心环节和贯穿于执政方式体系的一根红线。

"政之所兴，在顺民心，政之所废，在逆民心。"①治国理政只有亲身征询于田野，虚心问计于百姓，才能把握群众所思所想所盼，凝聚民心民智民力，开创改革发展新局。基层是最大的课堂，群众是最好的老师。生活最深刻，群众最具智慧。人民群众的历史地位决定了民主执政需要在行动上尊重人民群众的首创精神。治国有常，利民为本。总结中国共产党治国理政的经验，很重要的一条，就是始终把群众作为智慧和力量的源泉，始终把政治智慧的增长、执政本领的增强深深扎根于人民的创造性实践之中。

党如何坚持和完善依法执政？要知晓为官做事的尺度，恪守权力边界，坚持职权法定，防止专断恣意，让权力不越界，让权力在阳光下运行。依法执政，首先要求各级领导干部树立法制观念、学会法治

---

① 《管子》，李山、轩新丽译注，中华书局 2019 年版，第 6 页。

思维、带头遵守法律。从漫长的封建社会各个王朝来看，比较繁荣的治世，诸如文景、贞观、康乾等时期，都以皇帝和臣子们能够俭约自爱、奉公守法为先决条件，才使得百姓安居乐业，天下较为太平。反过来，干戈四起、生灵涂炭的乱世，又无不以统治者放纵私欲、践踏法律、蔑视公理为滥觞。当前，党实现依法执政需要坚持运用法治思维和法治方式从严管党治党，习惯于在"聚光灯"下行使权力，习惯于在"放大镜"下开展工作，真正把依规管党治党、从严管党治党的要求落到实处。

依法执政需要不断提高法治思维和依法办事能力。法律的生命力在于实施，法律的权威也在于实施。权力是党和人民赋予的，不是无限的，而是受党纪国法约束的。坚持依法用权，重要的是把握好"法定职权必须为、法无授权不可为"的基本要求，自觉在法律约束下用权，在制度笼子里用权。

立治有体，施治有序。蓄积70多年磅礴之力，中国形成了具有强大生命力和巨大优越性的制度与治理体系，越来越多的人开始探寻"中国奇迹"背后的"制度密码"。坚持科学执政、民主执政、依法执政，是我们党建设中国特色社会主义制度的成功之路。只要沿着这条道路继续前进，就一定能够实现国家治理体系和治理能力现代化。这是我们成功的密码，也是我们今后努力的方向。

六、培养造就堪当民族复兴重任的执政骨干队伍

国家治理的兴衰在于人才，特别是领导人才。干部队伍是党的执政骨干，是推进党的事业的中坚力量，干部队伍的能力水平关乎我们党的事业成败。执政骨干队伍建设是执政能力建设的重要组成部分和现实载体，离开执政骨干队伍谈执政能力建设，就如同无源之水、无本之木。执政骨干队伍特指党政机关中直接影响党和国家政治决策、法律和政策制定及执行贯彻的岗位职务人员。执政骨干队伍是执政队伍的领头羊、带头雁、排头兵，对执政队伍具有引导、带动和辐射作用，关乎整个执政队伍的全局建设。

民族复兴需要一支堪当重任的执政骨干队伍。实现中华民族伟大复兴是近代以来全体中国人民最伟大的梦想，民族复兴是当代中国发展与强大的战略选择。经过接续奋斗，我们已经迈上了全面建设社会主义现代化国家、向第二个百年奋斗目标进军的新征程，比历史上任何时期都更加接近实现中华民族伟大复兴的宏伟目标。然而，当今世界百年未有之大变局加速演进，不确定、难预料因素增多，我国发展面临新的战略机遇、战略任务、战略阶段、战略要求、战略环境。我们要应变局、育新机、开新局、谋复兴，关键是要把党的各级领导班子和干部队伍建设好、建设强。

人才建设关系到国家兴衰，以什么样的标准选人用人是建设执政骨干队伍的首要问题。好干部的标准是什么？党的十八大报告指出，坚持和发展中国特色社会主义，关键在于建设一支政治坚定、能力过硬、作风优良、奋发有为的执政骨干队伍。这一重要论述阐明了建设

执政骨干队伍的基本要求。一是要建设政治坚定、对党忠诚的执政骨干队伍。政治素质不过硬，就容易心生杂念，经不住风险考验，变成骨头不硬的"两面人"、见风使舵的"墙头草"。因此，培养选拔干部必须坚持把政治标准放在首位，把严把紧政治这个首要关口。大力建设一支矢志不渝听党话、跟党走，坚定拥护"两个确立"，坚决做到"两个维护"，在政治上信得过、靠得住、能放心的执政骨干队伍。二是要建设能力过硬、本领高强的执政骨干队伍。进入新征程新阶段，我们面临的外部环境不确定、难预料因素增多，内部发展需要解决的问题也越来越复杂，既有长期以来积累的深层次矛盾，又有前进道路上不断出现的新问题。这些严峻棘手的形势任务，对执政干部的本领和能力提出更高要求。从现实要求看，必须着重增强干部推动高质量发展本领、服务群众本领、防范化解风险本领。三是要建设作风优良、清正廉洁的执政骨干队伍。党的事业兴衰成败关键在执政干部的作风。一身正气、两袖清风是领导干部的做人之本，洁身自好、克己奉公是领导干部的从政之基，为政清廉是领导干部做人做事的基本底线。执政干部要做到敬畏权力、管好权力、慎用权力，加强道德修养，时刻绷紧廉洁自律这根弦，不断增强政治定力和抵腐定力，要避免官僚主义，摒弃"官本位"思想。四是要建设敢于担当、奋发有为的执政骨干队伍。敢于担当是共产党人的鲜明品格，是领导干部必备的基本素质。干部必须坚决摒弃"故步自封"的"优越"思想、"小成即满"的"守摊"思想、"缩手缩脚"的"畏难"思想，传承前辈们吃苦耐劳、敢于担当的精神，自觉地挑重担、揽责任，做起而行之的行动者、攻坚克难的奋斗者，而不做旁观者、不当局外人，在新时代的大考前主动作为。

　　如何培养造就堪当民族复兴重任的执政骨干队伍？新时代新征程，党的二十大擘画了全面建成社会主义现代化强国、实现第二个百年奋斗目标，以中国式现代化全面推进中华民族伟大复兴的宏伟蓝图。奋进新征程的号角已经吹响，我们党要团结带领人民开创事业发展新局面，党校就必须要坚守"为党育才，为党献策"的初心，培养造就堪当民族复兴重任的执政骨干队伍，重点抓好理论教育、党性教育、能力培训。

　　筑牢理论修养的"主阵地"，造就政治坚定之才。重视和加强理论修养是我们党的制胜法宝和优良传统，理论修养是领导干部综合素质的核心。建党百余年来，中国共产党不断推进思想建党、理论强党，不断推进马克思主义中国化时代化，创立了毛泽东思想和邓小平理论，形成了"三个代表"重要思想和科学发展观，从而形成中国特色社会主义理论体系，为新时期党和国家事业发展提供了科学指南。我们党在经历种种磨难和风险挑战之后，仍能保持先进性和纯洁性，保持政治上的清醒坚定和行动上的团结统一，其中的秘诀就在于我们党坚持理论创新，坚持用理论武装自身，重视提升理论修养，确保党员干部始终有坚定信念的"主心骨"、正向航行的"指南针"、砥砺奋进的"动力源"。一是要牢牢掌握马克思主义这个看家本领。革命先烈们在国家救亡图存的生死攸关时刻，选择了马克思主义，从此，一个以马克思主义为指导的政党——中国共产党应运而生。自诞生以来，中国共产党领导中国革命、建设、改革，不断走向新的胜利，带领中华民族实现从站起来、富起来到强起来的历史性飞跃。实践告诉我们，中国共产党为什么能，中国特色社会主义为什么好，归根到底是马克思主义行，是中国化时代化的马克思主义行。①对于领导干部来说，马克思主义这个看家本领掌握得越牢靠，政治站位就越高，政治判断力、政治领悟力、政治执行力就越强，观察时势、谋划发展、防范化解风险就越主动。马克思主义理论不是书斋里的学问，不是教条而是行动指南，要随着实践发展而发展，要经过中国化才能落地生根、经过时代化才能行之有效、经过本土化才能深入人心。二是要深刻领会习近平新时代中国特色社会主义思想。习近平新时代中国特色社会主义思想是当代中国马克思主义、二十一世纪马克思主义，为丰富和发展马克思主义思想方法和思维方式作出了原创性贡献，实现了马克思主义中国化新的飞跃。党的十八大以来，面对错综复杂的国际国内形势、接踵而至的不确定性挑战，以习近平同志为核心的党中央之所以实现一系列突破性进展、取得一系列标志性成果，关键在于有习近平新时代中国特色社会主义思想引领航向、凝心铸魂。广大领导干部要通过全面系统学、及时跟进学、深入思考学、联系实际学，自觉做习近平新时代中国特色社会主义思想的坚定信仰者和忠实实践者，不断提高理论素养、不断提高政治站位，自觉在大局下思考、在大局下行动。三是要做到学、思、用贯通，知、信、行统一。首先要加强理论学习。多研读马克思主义经典著作，真正体悟马克思主义理论的学理哲理、道理情理。深刻领会习近平新时代中国特色社会主义思想的世界观方法论，以及贯穿其中的立场观点方法、治国理政的新理念新思想新战略、管党治党的根本要求。其次要以理论促实践。一

---

① 参见习近平：《高举中国特色社会主义伟大旗帜 为全面建设社会主义现代化国家而团结奋斗——在中国共产党第二十次全国代表大会上的报告》，《求是》2022年第21期。

语不能践，万卷徒空虚。理论学习是为了更好地实践，实践性是马克思主义哲学的显著特征。广大领导干部要牢记"精通的目的全在于应用"，要在学深悟透用精、融会贯通中，不断提高运用党的创新理论武装头脑、指导实践、推动工作的能力，积极主动作为，以实践成果检验理论学习成效。

烧旺锤炼党性的"大熔炉"，造就思想过硬之才。党性是一个政党所固有的本性，集中体现了其所代表的阶级属性。中国共产党是马克思主义政党，始终代表无产阶级和广大人民群众的根本利益。为了保持这一性质，我们党一直以来都十分重视加强党性教育。在1921年党的一大通过的中国共产党第一个纲领中，就提出了"党员必须对党忠诚"这一最根本的党性要求。[①] 1941年中央政治局通过了《关于增强党性的决定》，首次以文件形式向全党发出"增强党性锻炼"的号召。[②] 改革开放以来，党性教育的重要性再次提升，以教育活动加强党员干部的党性修养，开展了以"三讲"为主要内容的党性党风教育、"三个代表"重要思想学习教育、保持共产党员先进性教育等活动。党的十八大以来，以习近平同志为核心的党中央推进全面从严治党，加强党风廉政建设，推动党性教育迈上了新的台阶。重视党性教育是中国共产党建党百余年来永葆先进性的成功之道，这为保持党的旺盛生命力和强大战斗力提供了不竭源泉。党校因党而立、为党而办。加强党性教育是党校与生俱来的基因。党校要坚守为党育才的

---

① 参见中共中央文献研究室、中央档案馆编：《建党以来重要文献选编（1921—1949）》第1册，中央文献出版社2011年版，第1页。

② 参见中共中央文献研究室、中央档案馆编：《建党以来重要文献选编（1921—1949）》第18册，中央文献出版社2011年版，第443页。

初心，就应坚持党校姓党，坚持从严治校、质量立校。一是要坚持党校姓党。2012年7月17日，习近平总书记在全国党校校长会议上强调，坚持把党校姓党作为党校的灵魂，贯穿于教学、科研、行政、后勤各个方面工作之中，融入党校教员和管理人员的思想与行动之中。党校姓党是党校办学治校的灵魂和主线，是坚持党性原则的深刻体现。要开展好党校工作就必须坚持党校姓党的原则，这是管根本、管全局、管方向的，要始终坚持把"姓党"原则放在心中高位，真正把党校姓党贯穿于党校工作全过程各方面。党校是领导干部锤炼党性的"大熔炉"，要坚持正确的办学方向，在开展教学过程中矢志不渝听党话、跟党走。教育广大领导干部自觉做到在党爱党、在党言党、在党忧党、在党为党，着力打造坚定拥护"两个确立"、坚决做到"两个维护"的坚强阵地。二是要坚持从严治校、质量立校。从严治校是党校办学的基本方针，是全面从严治党要求在党校工作中的具体体现；质量立校是党校工作的重要遵循，是全面提升党校办学水平的重要抓手。党校不同于一般的普通学校，党校是传承党的精神血脉的殿堂，也是引领党内风气风向的阵地。首先要遵循最严格的政治标准，党校的一切教学活动、科研活动、办学活动都要遵循党的政治路线、坚持党性原则，以党的旗帜为旗帜、以党的意志为意志、以党的使命为使命。其次要遵循最严格的学术标准，这要求党校教师坚守实事求是的真理追求，坚持与时俱进的理论品格，坚持创新创造的研究思维。再次要遵循最严格的教学标准，一方面要建立高标准、严要求的党校师资队伍，另一方面要打造适应新时代干部成长的学科体系，积极推进教学改革。最后要遵循最严格的管理标准。对于教师，要求恪守职业道德、弘扬优良作风；对于学员，要求严格遵守学习培训和廉洁自律各项规定；对于组织管理人员，要求从严管理学员纪律。

打造能力提升的"高平台"，造就担当作为之才。党校为党育才，育的是堪当民族复兴重任的执政骨干队伍，不仅要政治过硬，而且要本领高强。新时代新征程，国家形势和党的任务在不断发展演变，领导干部要时刻保持"本领恐慌"的危机感和"能力不足"的忧患意识。能力的提升、本领的锻炼不是一蹴而就、一劳永逸的，习近平总书记指出："全党同志特别是各级领导干部，都要有本领不够的危机感，都要努力增强本领，都要一刻不停地增强本领。"①

提升执政骨干队伍的能力和本领，一靠自身努力，二靠组织培养。党校是培养干部的"摇篮"，是干部能力提升的主要平台，要全面培养领导干部各方面能力，大力加强专业素养、业务能力训练，让干部能胜任领导工作，堪当民族复兴重任。一是要把能力建设摆在更加突出的位置来抓。提升能力是解决问题的途径，能力建设是执政骨干队伍建设的重要内容。干部要增强问题意识，坚持问题导向，不断提高政治能力、调查研究能力、科学决策能力、改革攻坚能力、应急处突能力、群众工作能力、抓落实能力。党校要结合党的二十大要求，重点提升领导干部推动高质量发展本领、服务群众本领、防范化解风险本领。二是要科学设置专业课程。首先要体现课程内容的实效性，紧紧围绕国家重大战略需求和党中央重大决策部署，紧密结合加强党的执政能力建设的主要任务，组织开展务实管用的专

① 习近平：《在中央党校建校 80 周年庆祝大会暨 2013 年春季学期开学典礼上的讲话》，《人民日报》2013 年 3 月 3 日第 2 版。

业化能力培训。其次要突出课程内容的针对性，根据不同岗位、不同类别、不同层次干部的实际需求，探索开展分类、分层的教育培训。最后要创新课程形式，积极探索案例教学、情景模拟、结构化研讨、学员论坛、经验交流、实地调研等多种教学方式。三是学员之间要充分交流工作经验。党校不仅为干部提供培训学习的场所，也为学员搭建广阔的交流互动平台，让来自五湖四海、不同岗位、不同经历的学员能够充分交流工作经验，相互借鉴工作方法，以利拓宽视野、更新观念、取长补短、共同提高。

第四章
如何始终保持干事创业精神状态

如何始终保持干事创业精神状态，这是习近平总书记强调的大党独有难题的第四个难题。中国共产党从弱小到强大，中华民族从衰败凋零到欣欣向荣，都是党团结带领人民干出来的、奋斗出来的。只有始终保持干事创业精神状态，才能团结带领人民以中国式现代化全面推进中华民族伟大复兴。

一、社会主义是干出来的

邓小平同志在20世纪80年代讲过，世上的事情都是干出来的，不干，半点马克思主义也没有。"哲学家们只是用不同的方式解释世界，问题在于改变世界"，镌刻在马克思墓碑上的这句名言，是对马克思主义的生动诠释，科学阐明了马克思主义的实践观点。

首先应学好马克思主义看家本领，解决"为什么要干"的问题。100多年来，中国共产党从诞生、发展到壮大，始终秉持着苦干实干的精神。党团结带领全国各族人民在新民主主义革命时期、社会主义革命和建设时期、改革开放和现代化建设时期，以及奋进新时代新征程，不断在这片黄土地上刷新成绩。5000年的华夏文明，恢宏的史诗，壮美的音符、鲜活的缩影，都离不开实干。科学社会主义170多年的发展历程，其基本原则强调实践，与"社会主义是干出来的"要求既一脉相承，又融会贯通，体现了一以贯之的家国情怀、始终不渝的人民立场、追求实效的结果导向。进入新时代，踏上新的赶考之路，要交出无愧于时代和人民的优秀答卷，就要求全党同志立足新发展阶段、贯彻新发展理念、构建新发展格局，鼓足干劲谋发展、心无旁骛抓落实。发展是解决一切问题的总钥匙，"干"是社会主义永葆青春活力的原动力。

认识"为谁干"的问题。锤炼党性，解决"为谁干"的思想认识问题。以人民为中心，为人民谋幸福，是我们党的根本立场、根本宗旨、根本使命，是国之大者最大的同心圆。党性和人民性的高度统一，明确了不负人民就是对党忠诚的工作要求。为人民干，想人民之所想，急人民之所急，有条件要干，没有条件创造条件也要干。要在中华民族伟大复兴的新征程中不断锤炼党性，以经得起历史和人民检验的成绩取信于民。

明确"干什么"的问题。加强学习，解决"干什么"的目标导向问题。面对构建新发展格局的新任务，完整、准确、全面贯彻新发展理念尤为重要。一方面，要深入基层扎实调研，倾听民生，下决心解决老百姓的烦心事、操心事、揪心事，让老百姓分享发展成果，增强他们的获得感、幸福感、安全感；另一方面，也要胸怀天下，从国之大者进一步厘清"干什么"的目标任务。畅通国内大循环、促进国内国际双循环的新发展格局，是摆在各级党组织和党员干部面前的十分重要而紧迫的任务。这是一项系统工程，既有推动集群发展上规模的任务，又有链式发展上水平的压力；既有精准脱贫后巩固提升的要求，又有衔接实施乡村振兴的战略布局；既有传统产业转型升级的目标，又有新兴产业乘势而上的考验；既有全面构建新发展格局的战略，又有全国各地融入新发展格局的战术。唯有知行合一，心明眼亮、自觉行动，才能取得成效。

厘清"怎么干"的问题。勇于探索，解决"怎么干"的方法路径问题。放眼全国，各地、各行业、各部门和各单位确实在干，但是从成效上看，差异却很大。为什么？问题还是出在"干"字上面。有的干是苦干实干，是撸起袖子加油干，干在实处，出了成绩，用的是实功；有的干是花拳绣腿的干、装模作样的干，出不了成绩，或者即使短期内出了应景的成绩，也是经不起历史和人民的检验，用的终究还是虚功。埋头苦干，创新巧干，是弥足宝贵的经验。构建新发展格局的艰巨任务，决定了大处着眼、小处着手的工作方法，要善于把握新发展理念的精髓。用新发展理念破解发展难题，是一项高强度高难度的创新。要守正创新，尊重基层的首创精神，调动各方面积极性，营造鼓励创新氛围。同时，实践是最好的课堂，人民是最好的老师。人民群众中蕴藏着无限的创造力，要积极迈开双腿到基层，与人民想在一起、干在一起，善于归纳基层破解难题的金点子、好办法，善于将分散零星的创意加以系统集成，基层源源不断的好主意就会转化为破解发展难题的好办法，这样才能推动高质量发展。

践行科学社会主义，关键在"干"。解决了"为什么要干"的理论问题，就会思想清醒；解决了"为谁干"的认识问题，就会胸怀开阔；解决了"干什么"的目标问题，就会耳聪目明；解决了"怎么干"的方法路径问题，就会信心满满、从容不迫。总之，我们必须始终牢记社会主义是干出来的，要站稳人民立场，始终把落脚点放在力行上，唯扎根群众，踏实苦干、创新巧干、持久实干，在新的赶考之路上，才会干出令世界瞩目的中国奇迹。

习近平同志在浙江工作时，对干在实处就有一系列系统成熟的论述。要做到走在前列，就要干在实处。能否做到狠抓落实，是否善于狠抓落实，这是衡量领导干部作风、能力、水平的重要标志。要引导广大党员干部特别是各级领导干部，把工作的着力点真正放到研究解决改革发展稳定的重大问题上，放到研究解决群众生产生活的紧迫问题上，放到研究解决党的建设的突出问题上。对党委、政府总体规划提出的各项任务，要一步一步地展开、一项一项地分解、一件一件地落实、一年一年地见效，积跬步以至千里。

2016年7月，习近平总书记在宁夏视察时，看到西海固百姓经历了祖祖辈辈吃苦受累的历史之后，终于通过移民脱贫致富，在全面小康的伟大进程中，日子逐渐红火起来，适时提出了社会主义是干出来的这一重大论断和伟大号召，激励亿万中国人民向着实现中华民族伟大复兴中国梦奋勇前进。5年后，也是在宁夏，习近平总书记在吴忠市利通区金花园社区视察时进一步强调，社会主义是干出来的，幸福是奋斗出来的。

1997年4月，时任福建省委副书记的习近平同志率福建党政代表团到宁夏考察，组织实施闽宁对口扶贫协作，研究部署闽宁扶贫协作工作，开启了东西部扶贫协作和对口支援的闽宁模式。26年来，闽宁两地党委、政府沿着这个正确方向，坚持一张蓝图绘到底，坚持一任接着一任干，持之以恒、久久为功，举全省（区）之力共同探索摆脱贫困、走共同富裕的道路，探索走出了一条东西部扶贫协作、先富带动后富共同发展、多数帮少数共同进步、外力促内力共同奋斗的社会主义康庄大道。两地人民携手践行脱贫攻坚百万移民，发生了"苦甲天下""干沙滩"的历史巨变，守护绿水青山，建设"金沙滩"的感人事迹，充分践行了社会主义是干出来的伟大号召，充分彰显了中国共产党的领导和我国社会主义制度的显著优越性。

曾经有人认为，社会主义制度如果自己同自己比，还能说服人，如果同发达资本主义国家和地区比，就不那么理直气壮了。实干到底是给中国带来了祸害倒退，还是带来了发展进步呢？煤炭间接液化示范项目的故事可以给出答案。国家能源集团宁夏煤业煤制油分公司厂区里，"社会主义是干出来的"9个烫金大字十分醒目。作为国内大型的煤化工装置示范项目，宁夏煤业担负着探索富煤少油的中国能源战略的重任。2016年，总投资550亿元、年转化煤炭2036万吨的国能宁夏煤业有限责任公司400万吨/年煤炭间接液化示范项目油品A线成功产出合格油品。这是一个具有战略意义的世界级工程。以前煤制油化工行业核心技术、高端设备大部分依赖进口，且费用高昂。这一重大项目建成投产，对我国提高能源自主保障能力、推动煤炭清洁高效利用、促进民族地区发展具有重大意义，是对能源安全高效清洁低碳发展方式的有益探索，是实施创新驱动发展战略的重要成果。煤制油项目联合国内一批装备制造企业挑起37项重大技术、装备及材料国产化任务，成功开发出国产煤炭间接液化成套技术，打破了国外长期垄断，关键技术达到世界领先水平，成为当时世界上化工单位投资和建设规模最大的项目。

社会主义是干出来的，蕴藏着人民创造历史、人民铸就伟业的磅礴力量。回首百年来时路，我们之所以能跨越一道又一道坎、取得一个又一个胜利，关键就在于我们党密切联系群众，紧紧依靠人民，充分调动发挥了最广大人民的积极性、主动性、创造性。历史和现实一再表明，中国共产党根基在人民、血脉在人民、力量在人民。无论什么时候，只要坚持以人民为中心，我们就拥有无比深厚无比坚实的执政基础；只要始终坚持一切为了人民、一切依靠人民，始终把人民放在心中最高位置，把人民对美好生活的向往作为奋斗目标，我们就能凝聚起推动中华民族伟大复兴的磅礴力量。无论干什么、怎么干，只有不忘初心、牢记使命，始终与人民休戚与共、生死相依，才能在实干苦干中推动改革发展成果更多更公平惠及全体人民。社会主义是干出来的，昭示着立足新起点走好新的赶考路的使命担当。历史的发展，是由一段接着一段的实干连接起来的，没有聚精会神搞建设、改革开放不动摇，就没有照耀到每个人的时代荣光；没有摸着石头过河的实践，就无法开辟出中国特色社会主义道路。

过去100多年，中国共产党向人民、向历史交出了一份优异的答卷。现在，中国共产党团结带领中国人民踏上了实现第二个百年奋斗目标的赶考之路。面对新时代新任务，2021年，在庆祝中国共产党成立100周年大会上，习近平总书记向世界庄严宣告，经过全党全国各族人民持续奋斗，我们实现了第一个百年奋斗目标，在中华大地上全面建成了小康社会，历史性地解决了绝对贫困问题，正在意气风发向着全面建成社会主义现代化强国的第二个百年奋斗目标迈进。这是中华民族的伟大光荣！这是中国人民的伟大光荣！这是中国共产党的伟大光荣。面对新的征程上愈加复杂的内外环境和矛盾问题，我们还有很长的一段路要走，需要付出更为艰巨、更为艰苦的努力，需要保持高度的自觉自信和强烈的使命担当。

二、读懂中国共产党人的精神谱系

"人无精神则不立，国无精神则不强。"① 精神是一个民族赖以长久生存的灵魂，唯有精神上达到一定的高度，一个民族才能在历史的洪流中屹立不倒、奋勇向前。

党的百年奋斗历程铸就中国共产党人的精神谱系。100多年前，在中华民族的伟大觉醒中，中国共产党的先驱们将马克思列宁主义与中国工人运动相结合，与中国革命实情相结合，一个马克思主义新型政党——中国共产党应运而生。这一开天辟地的大事变，对中国历史发展方向和进程、中华民族和中国人民的前途和命运、世界发展的趋势和格局产生了深远的影响。在几千年的历史长河中，中国人民革故鼎新、自强不息，经长期奋斗，培育、继承、发展了伟大的中华民

---

① 《习近平著作选读》（第二卷），人民出版社2023年版，第347页。

族精神，彰显了不屈不挠的意志和中国人民的勤劳、智慧、勇气，既薪火相传、代代守护中华民族精神，又顺时应势、推陈出新，吸纳时代精华，铸就了坚持真理、坚守理想，践行初心、担当使命，不怕牺牲、英勇斗争，对党忠诚、不负人民的伟大建党精神，这是中国共产党人的精神之源，丰富了中华民族精神宝库。

100多年来，中国共产党人顽强拼搏、不懈奋斗，大力继承发扬伟大建党精神，在长期奋斗中构筑起中国共产党人的精神谱系，锤炼出鲜明的政治品格。中国共产党人的奋斗历史，就是一部中国脊梁史，先后涌现出李大钊、方志敏、狼牙山五壮士、沂蒙六姐妹、董存瑞、邱少云、黄继光、王进喜、焦裕禄、邓稼先、孔繁森、廖俊波、南仁东、黄文秀等先进人物，无论是英雄的个体，还是壮烈的集体，这些英雄的名字将永远被历史和人民铭记。天地英雄气，千秋尚凛然，站在中华民族伟大复兴战略全局和世界百年未有之大变局的历史高度，系统研究百年来中国共产党人精神谱系，系统研究中国共产党人创造的红色基因，能更好地赓续发展，奋进新时代。

中国共产党人的精神谱系离不开人民群众的创造。面对中国近代以来的苦难，中国人民没有屈服，而是挺起脊梁、奋起抗争，以百折不挠的精神汇聚力量，进行一场场气壮山河的斗争，跨过了一道又一道坎，谱写了一曲曲可歌可泣的史诗，为后人留下了丰富的精神财富。如艰苦奉献、团结协作、勇于创新的三线精神，敢创敢试、敢为人先的特区精神，吃苦耐劳、一往无前的蒙古马精神，甘于奉献的劳模精神，追求卓越的工匠精神，等等。中国共产党之所以历经百年而风华正茂、饱经磨难而生生不息，就是凭着那么一股革命加拼命的强大精神。

我们党领导人民浴血奋战、百折不挠，在新民主主义革命时期铸就了一系列精神，为后续精神的继承和发展奠定了重要基础。

井冈山精神。1927年，毛泽东同志在井冈山创建革命根据地，靠着革命必胜的理想信念，战胜艰难困苦，形成了坚定信念、艰苦奋斗，实事求是、敢创新路，依靠群众、勇于胜利的井冈山精神。

苏区精神。在革命根据地的创建和发展中，在建立红色政权、探索革命道路的实践中，无数革命先辈用鲜血和生命铸就了以坚定信念、求真务实、一心为民、清正廉洁、艰苦奋斗、争创一流、无私奉献等为主要内涵的苏区精神。

长征精神。长征精神就是：把全国人民和中华民族的根本利益看得高于一切，坚定革命理想和信念，坚信正义事业必然胜利的精神；为了救国救民，不怕任何艰难险阻、不惜付出一切牺牲的精神；坚持独立自主、实事求是，一切从实际出发的精神；顾全大局、严守纪律、紧密团结的精神；紧紧依靠人民群众、同人民群众生死相依、患难与共、艰苦奋斗的精神。回顾长征艰苦卓绝的战斗岁月，伟大长征精神，作为中国共产党人红色基因和精神谱系的重要组成部分，已深深融入中华民族的血脉和灵魂，成为社会主义核心价值观的丰富滋养，成为鼓舞和激励中国人民不断攻坚克难、从胜利走向胜利的强大精神动力。

遵义会议精神。1935年，党中央在遵义召开了中央政治局扩大会议，这是我们党历史上具有伟大转折意义的一次会议。这次会议在红军第五次反"围剿"失败和长征初期严重受挫的历史紧要关头召开，事实上确立了毛泽东同志在党中央和红军的领导地位，开始确立了以毛泽东同志为主要代表的马克思主义正确路线在党中央的领导地位，开始形成以毛泽东同志为核心的党的第一代中央领导集体，开启了我们党独立自主解决中国革命实际问题的新阶段，在最危急关头挽救了党、挽救了红军、挽救了中国革命。遵义会议的鲜明特点是坚持真理、修正错误，确立党中央正确领导，创造性地制定和实施符合中国革命特点的战略策略，形成了以坚定信念、实事求是、独立自主、民主团结为基本内涵的遵义会议精神。

延安精神。1935年10月，中央红军经过二万五千里长征胜利抵达陕北，陕北自此成为中共中央的落脚点，也成为建立抗日民族统一战线、赢得抗日战争胜利进而夺取人民解放战争胜利的出发点。历经十三载峥嵘岁月，这里孕育了以坚定正确的政治方向，解放思想、实事求是的思想路线，全心全意为人民服务的根本宗旨，自力更生、艰苦奋斗的创业精神为核心内容的延安精神。延安精神培育了一代代中国共产党人，是我们党的宝贵精神财富，要坚持不懈用延安精神教育广大党员干部，用以滋养初心、淬炼灵魂，从中汲取信仰的力量。

抗战精神。1931年，"九一八"事变后，中国人民在白山黑水之间奋起抵抗，成为中国人民抗日战争的起点，同时揭开了世界反法西斯战争的序幕，中国人民同世界人民一道，以顽强的意志和英勇的斗争，彻底打败了法西斯主义，取得了正义战胜邪恶、光明战胜黑暗、进步战胜反动的伟大胜利。中国人民经过14年不屈不挠的浴血奋战，打败了穷凶极恶的日本军国主义侵略者，赢得了近代以来中国抗击外敌入侵的第一次完全胜利，形成了以天下兴亡、匹夫有责的爱国情怀，视死如归、宁死不屈的民族气节，不畏强暴、血战到底的英雄气概，百折不挠、坚韧不拔的必胜信念为主要内容的抗战精神。伟大抗战精神，是中国人民弥足珍贵的精神财富，将永远激励中国人民克服一切艰难险阻，为实现中华民族伟大复兴而不懈奋斗。

红岩精神。解放战争时期，众多被关押在渣滓洞、白公馆的中国共产党人，经受住种种酷刑折磨，不折不挠、宁死不屈，为中国人民解放事业献出了宝贵的生命，形成了具有崇高思想境界、坚定理想信念、巨大人格力量、浩然革命正气的红岩精神。

西柏坡精神。从1947年7月12日中共工委在西柏坡正式成立，到1949年3月23日党中央离开西柏坡，党中央在这个被称为"解放全中国的最后一个农村指挥所"，领导了轰轰烈烈的土地改革运动，指挥了辽沈、淮海、平津三大战役，召开了具有伟大历史意义的七届二中全会。在这段波澜壮阔的革命实践中，孕育形成了以谦虚谨慎、艰苦奋斗，敢于斗争、敢于胜利，依靠群众、团结统一为主要内容的西柏坡精神。

照金精神。20世纪30年代初，在极其艰难困苦的情况下，刘志丹、谢子长、习仲勋等老一辈革命家在照金英勇开展革命活动，组建了中国工农红军第二十六军，成立了中共陕甘边特委和陕甘边革命委员会，创建了以照金为中心的陕甘边革命根据地，孕育形成了以不怕牺牲、顽强拼搏的英雄气概，独立自主、开拓进取的创新勇气，从实际出发、密切联系群众的工作作风为主要内容的照金精神。

东北抗联精神。1931年9月18日，日军炸毁沈阳柳条湖附近南满铁路路轨，悍然发动"九一八"事变，开始了蓄谋已久的侵华战争。到1945年日本侵略者投降，东北抗日联军辗转于白山黑水之间，进行了长达14年不屈不挠的斗争，开辟了全国最早、坚持时间最长的抗日战场，在中国人民抗日战争和世界反法西斯战中发挥了重要作用，涌现出杨靖宇、赵尚志、赵一曼等一大批民族英雄，孕育形成了以坚定的信仰信念、高尚的爱国情操、伟大的牺牲精神为主要内容的东北抗联精神。

南泥湾精神。20世纪40年代初，以八路军三五九旅为代表的抗日军民，在困境中奋起、在艰苦中发展，树起了抗日战争时期陕甘宁边区开展大生产运动的旗帜，形成了以自力更生、艰苦奋斗为主要内容的南泥湾精神。

太行精神。1938年，在中华民族生死存亡的历史时刻，中国共产党审时度势，挺进敌后，建立太行抗日民主根据地。此后8年，太行地区成为中国人民抗日战争的主战场之一，太行军民万众一心、众志成城、同仇敌忾、共赴国难，孕育形成了以不怕牺牲、不畏艰险，百折不挠、艰苦奋斗，万众一心、敢于胜利，英勇奋斗、无私奉献为主要内容的太行精神。

大别山精神。1927年11月13日，黄麻起义爆发，打响了鄂豫皖地区武装反抗国民党反动派的第一枪，此后，以大别山为中心的鄂豫皖革命根据地逐步形成。从中国共产党诞生，到解放战争胜利，大别山区人民在党的领导下，创造了28年红旗不倒和22年革命武装斗争不间断的传奇，近百万人为中国革命的胜利和新中国的诞生献出宝贵生命，铸就了以坚守信念、胸怀全局、团结奋进、勇当前锋为主要内容的大别山精神。

沂蒙精神。以沂蒙山区为中心的山东革命根据地是革命战争年代全国持续时间最长的老根据地之一。从1938年到1949年，在长达12年的沂蒙革命斗争实践中，各级党组织和人民为了人民利益出生入死、浴血奋战，当时沂蒙根据地420万人口，有120多万人拥军支前，21万余人参军参战，10多万名烈士英勇牺牲，涌现出红嫂等一大批先锋模范人物。沂蒙人民在党的领导下，舍生忘死、参军参战、奋勇支前，党政军民水乳交融、生死与共，共同铸就了以党群同心、军民情深、水乳交融、生死与共为主要内容的沂蒙精神。

老区精神。革命老区是新中国的摇篮，是党和人民军队的根，老区和老区人民为我们党领导的中国革命作出了重大牺牲和贡献。从太行山到沂蒙山，从于都河到延河……在一片片红色热土上，中国共产党带领老区人民在长期的革命斗争中形成了爱党信党、坚定不移的理想信念，舍生忘死、无私奉献的博大胸怀，不屈不挠、敢于胜利的英雄气概，自强不息、艰苦奋斗的顽强斗志，求真务实、开拓创新的科学态度，鱼水情深、生死相依的光荣传统。

张思德精神。张思德1915年出生在四川仪陇一个贫苦农民家庭，1933年参加红军，在炮火硝烟中成长为一名坚强的红军战士。长征途中，他只身泅水抢敌船，英勇夺取敌人机枪，过草地时亲尝毒草，在延安枣园执行警卫任务时，经常主动为驻地打扫卫生、铺石垫路、修补窑洞，兢兢业业地做好每一项工作。他还经常帮助战友补洗衣服、编草鞋、喂战马、挑水烧火、采药防病、站岗放哨，带头帮助驻地群众生产劳动，全心全意地干好每一件革命工作。1944年，张思德积极参加大生产运动，被选为农场副队长，7月进陕北安塞县山中烧木炭，他处处起模范带头作用，不怕苦、不怕累、不怕脏，每到出炭时都争先钻进窑中作业，后因炭窑崩塌，不幸牺牲，年仅29岁。他在平凡工作岗位上默默奉献，用自己短暂的一生生动诠释了全心全意为人民服务的宗旨，形成了全心全意为人民服务的张思德精神。

党团结带领人民，在一穷二白的废墟上进行社会主义革命和建设，用生命和鲜血描绘了一幅幅最新最美的图画，铸就了一座座感天动地的精神丰碑。

抗美援朝精神。1950年6月25日，朝鲜内战爆发，美国出兵干涉，并派遣第七舰队侵入台湾海峡。10月初，美军不顾中国政府一再警告，悍然越过三八线，把战火烧到鸭绿江边和新生的中华人民共和国国土之上，严重威胁我国安全。面对以美国为首的"联合国军"的野蛮行径，应朝鲜党和政府的请求，中国党和政府毅然作出抗美援朝、保家卫国的历史性决策。中国人民志愿军同朝鲜人民和军队一道，经过浴血奋战，赢得了抗美援朝战争的伟大胜利，形成了祖国和人民利益高于一切、为了祖国和民族的尊严而奋不顾身的爱国主义精神，英勇顽强、舍生忘死的革命英雄主义精神，不畏艰难困苦、始终保持高昂士气的革命乐观主义精神，为完成祖国和人民赋予的使命、慷慨奉献自己一切的革命忠诚精神，为了人类和平正义事业而奋斗的国际主义精神。

"两弹一星"精神。20世纪50年代至70年代，我国老一辈科学家自主完成原子弹和氢弹爆炸、导弹飞行和人造卫星发射的艰巨任务，自觉培育和形成了热爱祖国、无私奉献，自力更生、艰苦奋斗，大力协同、勇于登攀的"两弹一星"精神，这是爱国主义、集体主义、社会主义和科学精神的突出体现，是中国人民在社会主义建设时期为中华民族创造的宝贵精神财富。

雷锋精神。1940年12月，雷锋（原名雷正兴）出生在湖南省长沙县望岳乡（现长沙市望城区雷锋街道）一个贫苦家庭，年仅7岁就成了孤儿，在旧社会度过了悲惨的幼年。中华人民共和国成立后，雷锋从苦难的童年跨入幸福的少年时代，他勤奋好学，顺利完成学业，参加工作后，发挥模范带头作用，甘当螺丝钉，好事从小做起。后雷锋与战友一起执行运输任务，在指挥倒车时，因突发事故，不幸牺牲。1963年，毛泽东同志亲笔题词，号召向雷锋同志学习，一个只有22年短暂生命的年轻战士把有限的生命投入到无限的为人民服务当中去，形成了热爱党、热爱祖国、热爱社会主义的崇高理想和坚定信念，服务人民、助人为乐的奉献精神，干一行爱一行、专一行精一行的敬业精神，锐意进取、自强不息的创新精神，艰苦奋斗，勤俭节约的创业精神。

焦裕禄精神。焦裕禄心中装着全体人民，唯独没有自己。1962年冬天，焦裕禄来到兰考县就任县委书记，在兰考县工作的475个日日夜夜，他身先士卒，以身作则，带领36万兰考人民初步制服内涝、风沙、盐碱三害，改变了兰考的贫困面貌，后因积劳成疾病故，在群众心中铸就了一座永恒的丰碑，形成了亲民爱民、艰苦奋斗、科学求实、迎难而上、无私奉献的焦裕禄精神。

大庆精神（铁人精神）。1959年9月26日，中华人民共和国成立10周年前夕，随着一股工业油流从松辽盆地北部的松基三井喷流而出，大庆油田正式诞生，粉碎了国际敌对势力以石油为武器，对新中国进行政治孤立、经济封锁、军事威胁的企图，中国从此甩掉了贫油的帽子，中国石油工业屹立在世界东方。在此过程中，以铁人王进喜为代表的石油人，在"晴天一顶星星亮、荒原一片篝火红"的艰苦条件下，践行"三要"（一要甩掉中国石油落后的帽子，二要高速度、高水平拿下大油田，三要赶超世界先进水平、为国争光）、"十不"（不怕苦、不怕死、不为名、不为利、不讲工作条件好坏、不讲工作时间长短、不计报酬多少、不分职务高低、不分分内分外、不分前方后方），在60多年的奋斗中，形成了爱国、创业、求实、奉献的大庆精神（铁人精神）。

红旗渠精神。20世纪60年代，河南省林县（今林州市）人民在县委的领导下，历时10年，绝壁穿石，硬是用双手抠出了一条长约1500千米的生命渠。这是催人奋进的幸福渠，更是永不断流的精神渠，形成了自力更生、艰苦创业，团结协作、无私奉献的红旗渠精神。

北大荒精神。从1947年起，按照党中央关于建立巩固东北根据地的重要指示，为解决全国人民的吃饭问题，14万转业复员官兵、10万大专院校毕业生、20万内地支边青年、54万城市知识青年陆续来到北大荒，唤醒了沉睡的荒原。从北大荒到北大仓，几代拓荒人在这里战天斗地，百折不挠，前赴后继，勇往直前，在半个多世纪里锤炼出了艰苦奋斗、勇于开拓、顾全大局、无私奉献的北大荒精神。

塞罕坝精神。河北省塞罕坝曾经是黄沙遮天日、飞鸟无栖树的荒漠沙地，在党的号召下，三代林场建设者用青春与奋斗，种植了百万亩人工林海，创造了荒原变林海的人间奇迹，筑起了守卫京津的重要生态屏障，铸就了牢记使命、艰苦创业、绿色发展的塞罕坝精神。

"两路"精神。1954年，川藏、青藏公路建成通车，这是在中国共产党的领导下，中华人民共和国取得的重大成就，对推动西藏实现社会制度历史性跨越、经济社会快速发展，对巩固西南边疆、促进民族团结进步发挥了十分重要的作用。川藏、青藏公路是矗立在青藏高原上的历史丰碑。西藏在和平解放前基本处于封闭状态，现代交通事业一片空白。西藏和平解放后，中国人民解放军与四川和青海等省各族人民群众，以及工程技术人员组成了11万人的筑路大军，5年时间里，在人迹罕至、平均海拔4000多米的青藏高原上，挖填土石3000多万立方米，筑桥400多座，3000多名勇士用自己的身体化作筑路的基石，修建了世界上条件最艰苦、总长达4360千米的川藏、青藏公路，硬是在生命禁区架起了西藏文明进步的巍巍金桥，在世界屋脊开创了人类建设史上的奇迹，结束了西藏没有现代公路的历史，铸就了一不怕苦、二不怕死，顽强拼搏、甘当路石，军民一家、民族团结的"两路"精神。

老西藏精神。1950年，党中央一声令下，十八军全员向着从未经历的高海拔进军，在高寒缺氧、物资匮乏的艰苦自然环境和生存条件下，官兵们一边进军一边修路，遇到高山，就依山造路，遇到大河，就遇水搭桥，缺乏食物，就吃树皮草根。在中国共产党的领导下，几代驻藏部队官兵、援藏干部等同西藏各族干部群众一道，在和平解放西藏、建设西藏的伟大历程中，孕育和传承了特别能吃苦、特别能战斗、特别能忍耐、特别能团结、特别能奉献的老西藏精神。

西迁精神。中华人民共和国成立之初，亟待改变旧中国遗留下来的积贫积弱、工业布局不合理、西部教育力量薄弱的面貌。1955年，党中央作出决定，交通大学从上海西迁至陕西西安，数千名师生怀揣"党让我们去哪里，我们背上行囊就去哪里"的豪情，义无反顾登上西行列车，到祖国最需要的地方建功立业。当时西安的发展水平与繁华的上海差距甚大，学校处在田野之中，马路不平，电灯不亮，晴天扬灰路，雨天水泥路，夏无大树遮阳，冬无暖气御寒，艰难困苦阻挡不了西迁拓荒者创业创新的理想信念。他们把自己的理想、前途和国家命运紧密相连，他们用青春和汗水在西北建设了一所著名高等学府，他们用科学服务祖国建设，孕育形成了胸怀大局、无私奉献、弘扬传统、艰苦创业的西迁精神。西迁精神是中国共产党人精神谱系中知识分子群体爱国奋斗的时代坐标，一代代西迁人薪火相传，培育了大批扎根西部、建设地方的优秀学子，激励着一代代知识分子忠于祖国人民、担当责任使命，书写新的时代答卷。

王杰精神。1965年7月的一个夏日，江苏省徐州市邳县（今邳州市）张楼公社一声巨响，原来是民兵在训练时突遇炸药包意外爆炸。危急关头，年轻的战士王杰毅然扑向炸药包，以血肉之躯护住了在场的12名民兵和人武干部，献出了自己23岁的宝贵生命，挽救了其他人的生命，形成了一不怕苦、二不怕死的王杰精神。

在改革开放和社会主义现代化建设新时期，中国共产党人发扬和赓续中国革命精神，在翻天覆地的重大变化中开拓中国特色社会主义新局面，勇敢面对各种风险挑战，为中国共产党人的精神谱系注入新的内容和时代色彩。

改革开放精神。1978年，党的十一届三中全会作出了把党和国家的工作中心转移到经济建设上来、实行改革开放的历史性决策。中国共产党领导亿万人民开启了改革开放和社会主义现代化的伟大征程，从计划经济向市场经济转轨，从要素驱动向创新驱动转变，从短缺到充裕，我国实现了从生产力相对落后的状况到经济总量跃居世界第二的历史性突破，实现了人民生活从温饱不足到总体小康、奔向全面小康的历史性跨越。改革开放和社会主义现代化建设的伟大成就举世瞩目，推进了中华民族从站起来到富起来的伟大飞跃，形成了解放思想、实事求是，敢闯敢试、勇于创新，互利合作、命运与共的改革开放精神。

特区精神。1980年，我国设立经济特区，40多年来，深圳、珠海、汕头、厦门、海南5个经济特区，像5颗闪亮的明珠镶嵌在祖国的大地上，各经济特区突破体制性障碍、机制性梗阻、利益性藩篱，勇于打破常规，解放思想，善于创新，求真务实，以功成不必在我的精神境界和功成必定有我的历史担当，砥砺奋进，孕育了敢闯敢试、敢为人先、埋头苦干的特区精神。

抗洪精神。1998年夏天，气候异常，暴雨频发，长江出现全流域性大水，东北嫩江、松花江也暴发特大洪水。千钧一发之际，在党中央坚强领导下，全党、全军和全国人民紧急行动，广大干部群众和人民解放军、武警官兵坚决响应号召，发扬不怕累、不怕苦、不怕疲劳、不怕牺牲的精神，坚守在防汛抗洪救灾第一线，同洪水进行了惊心动魄的殊死搏斗。在这场伟大的抗洪抢险斗争中，形成了万众一心、众志成城，不怕困难、顽强拼搏，坚韧不拔、敢于胜利的抗洪精神。

抗击"非典"精神。2003年2月中下旬,"非典"疫情在广东局部地区流行,3月上旬在华北地区传播和蔓延,4月中下旬波及26个省、自治区、直辖市。在这场没有硝烟的战斗中,在党中央号召下,广大白衣战士用血肉之躯筑起了一道钢铁长城,维护了人民群众的生命安全和身体健康,铸就了万众一心、众志成城,团结互助、和衷共济,迎难而上、敢于胜利的抗击"非典"精神。

抗震救灾精神。2008年5月12日,8.0级汶川特大地震骤然发生,造成了近10万同胞罹难或失踪。地震发生后,党中央在第一时间把抗震救灾确定为全党全国最重要最紧迫的任务,迅速组织各方救援力量赶赴灾区,解放军、武警部队、医务人员、专业救援力量等数十万人,志愿者100多万人驰援灾区,在海拔4000米以上的生命高地抢险救灾,中央自然灾害生活补助应急资金紧急下拨,保障灾区群众生活物资急需。8.4万多名群众从废墟中被抢救出来,149万名被困群众得到解救,430多万名伤病员得到及时救治,1510万名紧急转移安置受灾群众基本生活得到妥善安排,铸就了万众一心、众志成城,不畏艰险、百折不挠,以人为本、尊重科学的抗震救灾精神。

载人航天精神。1992年9月21日,党中央正式批准实施中国载人航天工程,从那天起,中国载人航天事业在极其艰苦和困难的条件下悄然起步。中国实施载人航天工程30多年来,以令人惊叹的速度一路追赶、并跑、超越,跨越了发达国家半个多世纪的发展历程,孕育和形成了特别能吃苦、特别能战斗、特别能攻关、特别能奉献的载人航天精神。

劳模精神。劳动模范是民族的精英、人民的楷模,是中华人民共和国的功臣。自1950年党和国家首次表彰劳动模范,70多年来,我国工人阶级、广大劳动群众等在各条战线拼搏奋斗,以平凡的劳动创造了不平凡的业绩，铸就了爱岗敬业、争创一流，艰苦奋斗、勇于创新，淡泊名利、甘于奉献的劳模精神。

青藏铁路精神。面对多年冻土、高寒缺氧、生态脆弱三大世界难题和戈壁荒漠、茫茫雪域、人迹罕至的极端恶劣自然环境，在党中央的坚强领导下，青藏铁路工程建设者和运营维护者以不惧艰险的英雄气概和求真务实的工作态度，在世界屋脊挑战着生理与心理极限，以惊人的毅力和勇气战胜各种艰难险阻，用汗水和智慧谱写了人类高原铁路建设和运营史上的辉煌篇章，铸就了挑战极限、勇创一流的青藏铁路精神。

女排精神。从1981年到1986年，中国女排连战连胜，创下世界排球史上五连冠伟绩，这个英雄的集体把困难踩在脚下，把责任扛在肩头，不仅擦亮竞技体育的中国名片，更成为全民榜样和时代标杆，铸就了祖国至上、团结协作、顽强拼搏、永不言败的女排精神。

中国特色社会主义进入新时代，以习近平同志为核心的党中央坚持完善和发展中国特色社会主义制度，推进国家治理体系和治理能力现代化，党和国家事业取得历史性成就、发生历史性变革。中国精神力量竞相涌现，成为中国共产党人精神谱系中的闪亮坐标。

脱贫攻坚精神。党的十八大以来，以习近平同志为核心的党中央把脱贫攻坚摆在治国理政的突出位置，组织开展了声势浩大的脱贫攻坚人民战争，党政军民学劲往一处使，东西南北中拧成一股绳，凝聚起合力攻坚的磅礴伟力。经过8年持续奋斗，攻克了一个又一个贫中之贫、坚中之坚，历史性地解决了绝对贫困问题，脱贫攻坚伟大斗争，锻造形成了上下同心、尽锐出战、精准务实、开拓创新、攻坚克难、不负人民的脱贫攻坚精神。

抗疫精神。在极不平凡的2020年，面对第二次世界大战结束以来最严重的全球公共卫生突发事件，在以习近平同志为核心的党中央坚强领导下，我们国家始终把人民生命安全和身体健康放在第一位，坚持以对全人类负责的态度，打响了疫情防控的人民战争、总体战、阻击战。14亿全国各族人民在中国共产党的团结带领下，无所畏惧战病毒，齐心协力，付出了巨大努力，取得了抗击新冠肺炎疫情斗争重大战略成果，创造了人类同疾病斗争史上又一个英勇壮举。中国人民和中华民族以敢于斗争、敢于胜利的大无畏气概，铸就了生命至上、举国同心、舍生忘死、尊重科学、命运与共的抗疫精神。

"三牛"精神。2021年是农历牛年，习近平总书记在全国政协新年茶话会上强调，在中华文化里，牛是勤劳、奉献、奋进、力量的象征。人们把为民服务，无私奉献比喻为孺子牛，把创新发展、攻坚克难比喻为拓荒牛，把艰苦奋斗、吃苦耐劳比喻为老黄牛。在中华民族伟大复兴的前进道路上，就是要大力发扬孺子牛、拓荒牛、老黄牛精神，以不怕苦、能吃苦的牛劲牛力，不用扬鞭自奋蹄，继续为民族复兴辛勤耕耘、勇往直前。在新时代创造新的辉煌，要大力弘扬"为民服务孺子牛，创新发展拓荒牛，艰苦奋斗老黄牛"的"三牛"精神。

科学家精神。科学是持之以恒的事业，只有静心笃志，肯下十年磨一剑的苦功夫，甘于奉献，才能创造出一流科研成果。一代又一代科学家心系祖国和人民，不畏艰难，无私奉献，为科学技术进步、人民生活改善、中华民族发展作出了重大贡献，锻造形成了胸怀祖国、服务人民的爱国精神，勇攀高峰、敢为人先的创新精神，追求真理、严谨治学的求实精神，淡泊名利、潜心研究的奉献精神，集智攻关、团结协作的协同精神，甘为人梯、奖掖后学的育人精神。这种科学家精神永远值得我们代代相传。

企业家精神。企业家是经济活动的重要主体，多年来一大批优秀企业家在中国经济进步中扮演了重要角色，企业家精神在推动经济发展中发挥了重要作用。2020年7月21日，习近平主席在亚太经合组织工商领导人峰会上首次提出了企业家精神，提炼了增强爱国情怀、勇于创新、诚信守法、承担社会责任、拓展国际视野的企业家精神。

探月精神。探月精神，是中国航天和无数科研工作者自立自强、勇攀科技高峰所铸就的伟大精神。探月工程自立项以来，探月人坚持追逐梦想，面对困难不退缩，面对挫折不放弃，从嫦娥一号到嫦娥五号，参与探月工程研制建设的老一代科技工作者率先垂范、淡泊名利、言传身教，大批中青年科技骨干奋发有为、脱颖而出、竭诚奉献，坚持协同攻坚，万众一心铺就地月虹桥，铸就了追逐梦想、勇于探索、协同攻坚、合作共赢的探月精神。

新时代北斗精神。2020年6月23日，随着最后一颗组网卫星成功发射，北斗三号全球卫星导航系统完成全球星座部署；2020年7月31日，北斗三号全球卫星导航系统正式建成开通，标志着我国建成独立自主、开放兼容的全球卫星导航系统，成为世界上第三个独立拥有全球卫星导航系统的国家。自1994年启动北斗系统工程以来，参与北斗系统研制建设的全体人员迎难而上、敢打硬仗、接续奋斗，发扬"两弹一星"精神，奏响了一曲大联合、大团结、大协作的交响曲，孕育了自主创新、开放融合、万众一心、追求卓越的新时代北斗精神。

丝路精神。2013年秋，习近平主席先后提出共建丝绸之路经济带和21世纪海上丝绸之路，即共建"一带一路"倡议。10年来，中国统筹谋划推动高质量发展、构建新发展格局和共建"一带一路"，坚持共商共建共享原则，把基础设施硬联通作为重要方向，把规则标准软联通作为重要支撑，把共建国家人民心联通作为重要基础，推动共建

"一带一路"高质量发展，取得了实打实、沉甸甸的成就，古丝绸之路绵亘千里，延续千年，沉淀了以和平合作、开放包容，互学互鉴、互利共赢为核心的丝路精神。

综上所述，种种伟大精神，彰显了中国共产党精神谱系创造之伟力、结构之博大。每一种精神背后都书写着一个个历经磨难、攻坚克难后成功的故事；每一种精神都是集人、事、物、魂于一体的真实写照，都代表着一类人群在党和人民需要的关键时刻，义无反顾地用自己的青春、智慧甚至生命去拼搏奋斗的品格。这些内涵丰富的精神共同构筑了中国共产党精神品质和精神力量，是广泛凝聚中华民族的精神载体和力量源泉，是我们党立党兴党、执政兴国的宝贵精神财富，是推动党的事业发展的不竭动力，具有超越时空的恒久价值。

在新的历史起点上，更要传承和弘扬好中国共产党人精神谱系不断增强研究阐释的学理性、宣传教育的实效性、增强资源利用的统筹性、增强文化活动的大众性，继续将其融入中国共产党人的精神血脉和基因，为建设中国式现代化强国提供不竭精神动力。

三、从"两个务必"到"三个务必"

习近平总书记在党的二十大报告中，号召全党同志务必不忘初心、牢记使命，务必谦虚谨慎、艰苦奋斗，务必敢于斗争、善于斗争，坚定历史自信，增强历史主动，谱写新时代中国特色社会主义更加绚丽的华章。这"三个务必"与毛泽东同志70多年前提出的"两个务必"既一脉相承，又与时俱进，我们要深刻理解其科学内涵，增强践行自觉。

"三个务必"与"两个务必"一脉相承。中国共产党自成立之日起，就把为中国人民谋幸福、为中华民族谋复兴确立为自己的初心使命，始终保持同人民群众的血肉联系。在革命时期，毛泽东反复强调新式军队不同于旧军阀，是人民军队。1945年7月，毛泽东在窑洞中问黄炎培来延安考察有何感想，黄炎培回答，我生六十多年，耳闻的不说，所亲眼见到的，真所谓"其兴也勃焉，其亡也忽焉"[①]，一人、一家、一团体、一地方，乃至一国，不少单位都没有能跳出这周期率的支配力……听了黄炎培的诤言之后，毛泽东自信地答道，我们已经找到新路，我们能跳出这周期率。这条新路，就是民主。只有让人民来监督政府，政府才不敢松懈。只有人人起来负责，才不会人亡政息。1949年3月，中国共产党从西柏坡"进京赶考"前夕，在中国革命即将取得全国胜利之际，毛泽东同志在党的七届二中全会上向全党郑重提出"两个务必"，务必使同志们继续地保持谦虚、谨慎、不骄、不躁的作风，务必使同志们继续地保持艰苦奋斗的作风，再次强调保持党同人民群众的血肉联系这一问题，为最后夺取全国胜利、为全国胜利后进行社会主义革命和建设作了重要的思想理论准备。"两个务必"包含着对我国几千年历史治乱规律的深刻借鉴，包含着对我们党艰苦卓绝奋斗历程的深刻总结，包含着对胜利了的政党永葆先进性和纯洁性、对即将诞生的人民政权实现长治久安的深刻忧思，包含着对我们党坚持全心全意为人民服务的根本宗旨的深刻认识，思想意义和历史意义十分深远。

中国特色社会主义进入新时代，中国共产党采取了一系列密切党群关系的举措。针对影响党群关系、影响政府公信力的问题，习近

---

① 出自《左传·庄公十一年》

平总书记告诫全党，要牢记中国共产党是什么、要干什么这个根本问题，并作出了"江山就是人民，人民就是江山。中国共产党领导人民打江山、守江山，守的是人民的心"这一重大论断。2021年11月，党的十九届六中全会通过的《中共中央关于党的百年奋斗重大成就和历史经验的决议》，将"坚持人民至上"上升为全党百年奋斗的历史经验之一，强调"务必不忘初心、牢记使命"。2022年10月，党的二十大提出"三个务必"，继承我们党注重党的先进性和纯洁性建设、加强作风建设的优良传统，政治立场、思想宗旨、自我革命精神一脉相承，对于全面建设社会主义现代化国家、全面推进中华民族伟大复兴，具有重大而深远的理论和实践意义。

"三个务必"是基于新时代全面从严治党伟大实践的新概括，彰显理论创新。在全党全国各族人民意气风发迈上全面建设社会主义现代化国家新征程、向第二个百年奋斗目标进军的关键时刻，习近平总书记鲜明提出"三个务必"，彰显强烈的使命意识、深远的忧患意识、敏锐的问题意识，是对新时代全面从严治党伟大实践的经验总结，是对新时代新征程走好新的赶考之路的深邃思考。"三个务必"以不忘初心、牢记使命为首，告诫全党，党的根基在人民、血脉在人民、力量在人民，要始终站稳人民立场、把握人民愿望、尊重人民创造，与人民同呼吸共命运心连心，彰显根本宗旨。

从"两个务必"到"三个务必"，不论处在任何历史时期，中国共产党的宗旨意识都始终不变，人民始终是党执政兴国最大的底气。"三个务必"重申谦虚谨慎、艰苦奋斗，告诫全党越是取得辉煌成就，越要防止骄傲自满、保持奋发有为，千万不能在一片喝彩声中迷失自我，千万不能认为民族伟大复兴轻轻松松在敲锣打鼓中就能实现，彰显了党一贯的忧患意识和战略上的清醒认识。

能否清晰洞见未来可能出现的各种风险挑战，并做好万全的应对准备，是一个政党能否发展壮大的关键。在中国共产党迎来全国胜利已成定局时，毛泽东同志高瞻远瞩地对全国执政以后的艰巨性作出了更多估计，强调夺取全国胜利，这只是万里长征走完了第一步。早在1944年3月，毛泽东看到郭沫若撰写的讲述明朝和大顺王朝灭亡的《甲申三百年祭》后，就要求全党引以为戒，不要重犯胜利时骄傲的错误，要以史鉴今，善于从历史中寻找答案，汲取教训。

党的十八大以来，党和国家事业取得历史性成就、发生历史性变革，中华民族伟大复兴进入不可逆转的历史进程。一些经历了发展起来、强大起来历史进程的党员干部，或者是没有经历过困难，看不到前进道路上的娄山关、腊子口的党员干部，心中难免滋生骄傲自满情绪。对此，我们一定要时时警醒自己，我们的工作还存在一些不足，面临不少困难和问题。务必谦虚谨慎、艰苦奋斗，要坚持底线思维、增强忧患意识、统筹发展和安全的思维方式和工作方法。

从"两个务必"到"三个务必"，不论处于何种历史背景，中国共产党人从上到下都要始终保持忧患意识和斗争意识，居安思危，这对于中国这艘巨轮行稳致远意义重大。

马克思指出，如果斗争是在极顺利的成功机会的条件下着手进行，那么创造世界历史未免就太容易了。"三个务必"增加了"敢于斗争、善于斗争"，告诫全党面对世界之变、时代之变、历史之变，要坚持斗争意识、增强斗争本领，以顽强斗争打开事业发展新天地，彰显历史主动。"三个务必"告诫全党，在新时代伟大成就面前，我们该保持怎样的思想作风，在新征程使命任务面前，我们该保持怎样的精神状态，是对"两个务必"的创新和发展。

新民主主义革命时期，反对帝国主义、封建主义、官僚资本主义，争取民族独立、人民解放，为实现中华民族伟大复兴创造根本社会条件是当时的历史任务。中国共产党敢于斗争、敢于胜利，领导人民完成了这一历史重任，毛泽东同志又适时指出下一阶段的具体任务，党和军队的工作重心必须放在城市，必须用极大的努力去学会管理城市和建设城市。他提出"两个务必"，就是担心党内部分同志骄傲自满、贪图享乐、不求进步，看不到我们面临的新任务，成为失败退回来的李自成。中国共产党在内忧外患中诞生，在磨难挫折中砥砺，在披荆斩棘中壮大，一路在斗争中求生存、谋发展、获胜利。

进入新时代以来，以习近平同志为核心的党中央统筹把握"两个大局"，推动我国迈进全面建设社会主义现代化国家新征程。在党的二十大上，习近平总书记指出，从现在起，中国共产党的中心任务就是团结带领全国各族人民全面建成社会主义现代化强国、实现第二个百年奋斗目标，以中国式现代化全面推进中华民族伟大复兴。这绝不是轻轻松松、敲锣打鼓就能实现的，必须进行具有许多新的历史特点的伟大斗争。当前，仍有部分党员干部历练不够、斗争精神不足、斗争本领不强。对此，习近平总书记告诫全党，我们面临的各种斗争不是短期的，而是长期的，至少要伴随我们实现第二个百年奋斗目标全过程，唯有主动迎战、坚决斗争才有生路出路，才能赢得尊重、求得发展，逃避退缩、妥协退让只会招致失败和屈辱，只能是死路一条。全党务必敢于斗争、善于斗争，不要有过太平日子、当太平官的想法，要在错综复杂的形势面前始终保持共产党人的斗争意识。我们党依靠斗争走到今天，也必然依靠斗争赢得未来。

"三个务必"是重要政治要求，必须认真践行。习近平总书记指出，正是因为始终强调和坚持"两个务必"，我们党才能保持同人民群众的血肉联系，团结带领人民战胜前进道路上的各种风险和挑战，不断从胜利走向胜利。"三个务必"体现习近平新时代中国特色社会主义思想的世界观和方法论，体现新时代坚持和发展中国特色社会主义对党员干部新的政治要求，必将成为新时代党的作风的鲜明标志。我们要强化宗旨观念，牢记初心使命，坚持以人民为中心的发展思想，维护人民根本利益，增进民生福祉，扎实推进共同富裕，让现代化建设成果更多更公平惠及全体人民。我们要保持清醒头脑，勠力同心，艰苦奋斗，发扬党的优良传统和作风，在胜利面前不骄不躁，永远不丢艰苦奋斗这个传家宝，以自立自强新的奋斗实现既定目标。我们要发扬斗争精神，战胜风险挑战，增强斗争的志气、骨气、底气，不信邪、不怕鬼、不怕压，知难而进，迎难而上，把党的二十大擘画的宏伟蓝图变成美好的现实。

四、越是艰险越向前

100多年来，在应对各种困难挑战中，中国共产党锤炼了不畏强敌、不惧风险、敢于斗争、勇于胜利的风骨和品质。我们党依靠斗争走到今天，也必然要依靠斗争赢得未来。要发扬越是艰险越向前的斗争精神，涵养狭路相逢勇者胜的斗争意志，练就踏平坎坷成大道的斗争本领，在伟大斗争中不断成长，在新征程上创造无愧于党、无愧于人民、无愧于时代的业绩。

坚定越是艰险越向前的斗争信念。邓小平同志曾指出：为什么我们过去能在非常困难的情况下奋斗出来，战胜千难万险使革命胜利呢？就是因为我们有理想，有马克思主义信念，有共产主义信念。历史和现实表明，信念一旦深植灵魂血脉，化为矢志不渝的执着坚守和不可撼动的精神支柱，就能迸发初生牛犊不怕虎、越是艰险越向前的惊天伟力，推动我们不断从胜利走向胜利。

关键时刻冲得上去、危难关头豁得出来，信念坚定是越是艰险越向前的精神密码。中央红军长征，二万五千里漫漫征途，跨越无数艰难险阻，如果没有铁一般的信念，怎么能血战湘江、四渡赤水、强渡大渡河、飞夺泸定桥、征服冰山雪岭、穿越沼泽草地，怎么能在敌人的围追堵截下浴火重生？抗美援朝，面对艰苦卓绝的战场考验，如果没有铁一般的信念，如何首战两水洞、激战云山城、会战清川江、鏖战长津湖、血战上甘岭，打出令强敌生畏的谜一样的东方精神？面对千难万险，中国共产党领导的人民军队之所以能够一往无前，成为"用特殊材料制成的人"，正是因为心中信念如铁，气贯长虹、气吞万里，敢于征服一切困难而决不被任何困难所征服，敢于压倒一切敌人而决不被任何敌人所压倒，"虽九死其犹未悔"。

信念，是坚不可摧的精神支柱，是无往不胜的精神利刃。信念如铁，就能涵养"岂因祸福避趋之"的高尚品格，就能塑造"风雨不动安如山"的强大定力，就能挺起"泰山压顶不弯腰"的钢铁脊梁，就能永葆"石破不可夺其坚"的刚健勇毅。

涵养狭路相逢勇者胜的斗争意志。古人认为，"良农不为水旱不耕，良贾不为折阅不市"。就是越是困难时刻，越要坚定信心，迎难而上，敢于斗争、善于斗争。20世纪60年代，河南兰考县委书记焦裕禄调研内涝、风沙、盐碱灾情，见到沙丘就提示栽上树，见到涝洼窝就提示栽苇、种蒲、养鱼，见到盐碱地就提示把一片白变成一片青。他鼓励县委同事，灾区能锻炼人的革命意志，培养人的革命品格，革命者要在困难面前逞英雄。从困难中看到希望，在攻坚中锤炼本领，焦裕禄同志用实际行动凝聚起干部群众奋发图强的信心和斗志。不畏枪林弹雨六次横渡长江运送三批解放军成功登岸的一等渡江功臣马毛姐，在南海维权斗争中寸步不让的王书茂，战功赫赫的百战老兵王占山，用鲜血和生命捍卫祖国领土主权的卫国戍边英雄陈红军，都以坚韧不拔的斗争意志和无私无畏的奉献精神，书写许党报国的人生，激励我们不畏艰难、勇往直前。

敢于斗争是我们党的鲜明意志品格。我们党诞生于国家内忧外患、民族危难之时，一出生就铭刻着斗争的烙印，一路走来在斗争中求得生存、获得发展、赢得胜利。正是因为始终保持顽强的斗争精神、坚韧的斗争意志、高超的斗争本领，我们党才将星星之火发展成为燎原之势，才在风雨如磐的长征路上闯关夺隘。

中国共产党之所以历经百年而风华正茂、饱经磨难而生生不息，就是凭着那么一股革命加拼命的强大斗争意志。党的十八大以来，靠着千磨万击还坚劲的韧性，葆有越是艰险越向前的闯劲，反贫困、建小康、斗洪峰、战疫情、化危机、应变局取得一系列历史性成就。要在与困难挑战的正面交锋中占据主动、赢得先机，就必须多一些"泰山崩于前而色不变"的从容不迫，多一些"不畏浮云遮望眼"的深邃洞察。

练就踏平坎坷成大道的斗争本领。共产党人斗争是有方向、有立场、有原则的。坚持原则是共产党人的重要品格，是衡量一个干部是否称职的重要标准。坚持原则，大方向就是坚持中国共产党领导和我国社会主义制度不动摇。任何风险挑战，只要来了，我们必须进行坚决斗争，而且必须取得斗争胜利。坚持原则，必须旗帜鲜明反对好人主义。奉行好人主义，没有公心、只有私心，没有正气、只有俗气，好的是自己，坏的是风气、是事业。党员干部不能做一团和气的好好先生，要做敢于斗争、善于斗争的战士，大是大非面前要讲原则，小事小节中也要讲原则，始终要有秉公办事、铁面无私的精神，讲原则不讲面子、讲党性不徇私情。共产党人讲党性、讲原则，就要讲斗争。年轻干部要坚持原则、敢于斗争，在原则问题上决不能含糊、决不能退让，否则就是对党和人民不负责，甚至是犯罪。共产党人在任何时候都要有不信邪、不怕鬼、不当软骨头的风骨、气节和胆魄。共产党人的斗争，从来都是奔着矛盾问题、风险挑战去的。当前世界百年未有之大变局加速演进，中华民族伟大复兴进入关键时期，我们面临的风险挑战明显增多，总想过太平日子、不想斗争是不切实际的。我们在工作中遇到的斗争是多方面的，改革发展稳定、内政外交国防、治党治国治军都需要发扬斗争精神、提高斗争本领。这就要求党员干部，既要深刻认识实现伟大梦想必须进行伟大斗争的必然性，又要充分认识这场伟大斗争的长期性、复杂性、艰巨性，既要从思想上克服不愿斗争的软骨病、不敢斗争的恐惧症，又要在实践中练就斗争的真本领、真功夫。

好事尽从难处得，辉煌总自磨砺出。今天，虽然像战争年代血与火、生与死的考验少了，但是具有许多新的历史特点的伟大斗争仍在继续。一系列重大挑战、重大风险、重大阻力、重大矛盾的艰巨考验正摆在我们面前。面对百年未有之大变局的复杂局面，我们要发扬历史主动精神，既正视困难，又坚定信心，准确识变、科学应变、主动求变，善于从眼前的危机、眼前的困难中捕捉和创造机遇，能在危机中育先机、于变局中开新局。从坚决捍卫国家主权、安全、发展利益的英勇斗争，到抗洪抢险、抗震救灾、抗击疫情等一次次斗争与实践，事实一次次证明，中国共产党能够始终团结带领全国各族人民，发扬斗争精神，牢牢掌握历史主动，在机遇面前主动出击，在困难面前迎难而上，在风险面前积极应对。惊涛骇浪、风疾雨骤时，更显共产党员勇当先锋、敢打头阵的政治本色。

五、躺平不可取，躺赢不可能

躺平不可取，躺赢不可能，奋斗正当时。唯撑篙不已方能逆水行舟，唯奋斗不止方能冲出重围。尽管目前我国经济发展环境的复杂性、严峻性、不确定性上升，面临不少困难和挑战，但只要思想不滑坡，办法总比困难多。

躺平不可取。躺平可以说是近几年最流行的网络新词之一，主要指面对外界压力，没有追求，内心毫无波澜的一种状态。这种状态听起来特别消极，却得到许多年轻人的情感和价值认同，甚至在部分干部中也存在这种现象，由此成为社会关注焦点。有人把躺平等同于颓废，认为年轻人躺平是没有志气、缺乏干劲、怕吃苦、怕苦难，因而嗤之以鼻，觉得躺平是可耻的。确实，这种颓废式躺平不可取。

为了更进一步全面深刻认识躺平，有必要了解另一个网络热词：内卷。内卷也是近年来的网络高频热词，用来描述社会上一些领域过度竞争的现象。有人认为，职场上竞争过度，即便是名校毕业，拥有较高学历，也不一定能去自己心仪的工作单位。他们认为，职场绩效要求变高，要想得到和过去相当的回报，需要付出比过去更多的努力，只有不停加班、提高工作质效，才能不被淘汰。甚至有人认为，自己只是一台庞大机器上的齿轮，在同一个岗位上重复运作，自由意志得不到充分发挥与释放。久而久之，躺平成为这部分群体对过度竞争的回应，他们在思想上放弃竞争，在行动上尽可能裁减努力。他们开始摒弃努力、奋斗，加之身心疲倦，逐渐选择以躺平的方式进行逆反，不再努力、不再付出、不再燃烧激情，也不再参与激烈的竞争，选择以躺平的模样来应对周围一切。

当然，我们要注意把躺平与休整严格区别开来。躺平不同于短暂的休整。一方面，二者精神状态不一样。面对竞争，在身心疲惫时，躺平是一种持续的脱离竞争的状态，是消极被动的；而休整是一种短暂的脱离竞争的状态，是积极主动的。另一方面，二者出发点不一样。躺平是不再想参与竞争，面对竞争状态的逃避；而休整是利用空闲时间读书学习，给自己充电，提升自己，丰富内心，平和心态，修炼内功。

躺赢不可能。无论是个人还是政党，无论是中国共产党人的奋斗历程，还是中华5000年的文明流传，每一步都倾注着勤劳与奋斗。

就中国共产党组织而言，躺赢不可能。近代中国历史舞台上，高峰时曾经有300多个党派，唯有中国共产党在内忧外患中诞生，且在与各种困难斗争中不断强大。从上海到嘉兴，从南昌到长沙，从井冈山到瑞金，从延安到西柏坡，从北京到走近世界舞台中心，中国共产党带领中国人民干出了开天辟地、改天换地、翻天覆地、惊天动地的伟大壮举，靠的就是共产党人的践行初心、担当使命，不怕牺牲、英勇斗争。中华民族的独立、中国人民的幸福，帝国主义不会给，封建主义不会让，官僚资本主义不会给，是中国共产党人及其领导下的人民群众付出的巨大牺牲换来的。1949年中华人民共和国成立时，党员人数为440多万，牺牲的党员烈士达370万，中国共产党为中华人民共和国的成立付出了如此沉重的代价。30万红军长征历经15个省市，到达陕北时不足3万人，中国工农红军为中华人民共和国的成立付出了如此巨大的牺牲。历史，从来不会垂青投机分子，镌刻的往往是那些用奋斗、汗水，甚至牺牲锻造的金字招牌。如，为解决水贵如油的历史，河南林县人民用铁锤、铁铲，奋战十载春秋，在群山绵延的太行山上凿洞、架桥，建成了长达1500千米的人工天河——红旗渠。这是对坐等久旱逢甘霖、天上掉馅饼的有力抨击，是对积极发挥人的主观能动性、敢于与困难作斗争的嘉奖肯定。正如哲人所言，胜利不会自己主动向我们走来，而是我们不断努力走向胜利。中华人民共和国成立70多年来，在中国共产党的坚强领导下，数十亿中华儿女，万众一心，披荆斩棘，用几十年的时间走完了西方大国几百年的路。

躺平不可取，躺赢不可能，奋斗正当时！对国家而言，第二个百年新征程任重道远，要"引导干部树立和践行正确政绩观，推动干部能上能下、能进能出，形成能者上、优者奖、庸者下、劣者汰的良好局面"[①]。作为党员干部，要坚信社会主义是干出来的，幸福是奋斗出来的，高质量发展也是拼搏出来、干出来、奋斗出来的。应看破躺赢的虚无缥缈，看清打赢的主流价值，深入反省躺赢情绪的成因，自觉摒弃庸、懒、散的状态，积极清除等、靠、要的思想，提振精、气、神，做一个政治过硬、对党忠诚的干部，做一个业务精通、本领高强的干部，做一个敢于担当、勇于负责的干部，做一个敢于斗争、善于斗争的干部，做一个作风优良、清正廉洁的干部。

历史不会等待犹豫者、懈怠者、畏难者，机会眷顾坚定者、奋进者、搏击者。要把党描绘的宏伟蓝图变为现实，必须不驰于空想、不骛于虚声。高质量发展不只是一个经济要求，而是对中国式现代化建设方方面面的总体要求，不是一时一事的要求，而是必须长期坚持的

---

① 《习近平著作选读》（第一卷），人民出版社2023年版，第55页。

要求。这就要求我们尊重规律、尊重实际，把高质量发展结合地区、行业、部门、工作岗位的实际情况，转化为可遵守、可执行、能落地的规则与制度。不断调动各方面的积极性、主动性、创造性，用心用情为群众办实事、解难事。

党团结带领各族人民走过千山万水，当前局势来之不易，我们应倍加珍惜。站在中华民族伟大复兴的新征程上，回望从苦难到辉煌的百年党史，从站起来、富起来到强起来的伟大飞跃，多少风云激荡历历在目，多少高歌呐喊犹在耳畔。历史向我们这一代人传递这样的理念：蓝图宏伟，任务必然艰巨，知重不必怕；机遇难逢，奋斗时不我待，行动不能等；征途漫漫，自有天道酬勤，唯有知重负重，知行合一。

六、用体制机制为干事创业者保驾护航

体制机制至关重要。要构建系统完备、科学规范、运行有效的制度体系，推动各方面制度更加成熟更加定型，把我国制度优势更好地转化为国家治理效能，为干事创业者保驾护航。

要建立健全思想淬炼机制。善始者实繁，克终者盖寡。如何始终保持干事创业精神状态，难在"保持"，贵在"始终"。注重思想建党，加强思想淬炼，是中国共产党的优良传统，也是始终保持干事创业精神状态的精神密码。中华民族伟大复兴绝不是轻轻松松、敲锣打鼓就能实现的，全党上下必须脚踏实地、久久为功，自觉做共产主义远大理想和中国特色社会主义共同理想的坚定信仰者和忠实实践者。要把深入学习贯彻习近平新时代中国特色社会主义思想作为主题

主线，坚持不懈用党的创新理论凝心铸魂、强基固本。党员干部要自觉用习近平新时代中国特色社会主义思想武装头脑，凝心铸魂，牢牢把握这一思想的基本立场、观点和方法，并转化为真抓实干、指导实践、推动工作的强大力量。

要建立健全政治历练机制。打铁还需自身硬。旗帜鲜明讲政治，是马克思主义政党的鲜明特征，是我们党一以贯之的政治优势，也是党员干部始终保持干事创业精神状态的立身之本。全面建设社会主义现代化国家，必须有一支政治过硬、适应新时代要求、具备领导现代化建设能力的干部队伍。党员干部只有具备过硬的政治素质，才能在重大政治斗争和各种复杂情况面前坚定政治立场、永葆共产党人的政治本色。要坚持把政治训练贯穿干部成长全周期，教育引导干部树立正确的权力观、政绩观、事业观，提高干部政治判断力、政治领悟力、政治执行力。党员干部必须接受严格的党内政治生活淬炼，使自己的政治能力同担任的工作职责相匹配，深刻领悟"两个确立"的决定性意义，增强"四个意识"、坚定"四个自信"、做到"两个维护"，自觉在思想上政治上行动上同以习近平同志为核心的党中央保持高度一致，成为忠诚干净担当的好干部，确保各项事业始终沿着习近平总书记指引的方向和党中央确定的路线坚定前行。

要建立健全专业训练机制。干事创业，既要政治过硬，又要本领高强。既要增强"八项本领"（学习本领、政治领导本领、改革创新本领、科学发展本领、依法执政本领、群众工作本领、狠抓落实本领、驾驭风险本领），又要提高"七种能力"（政治能力、调查研究能力、科学决策能力、改革攻坚能力、应急处突能力、群众工作能力、抓落实能力）。要推动干部教育培训供给与需求精准匹配，更好地满足组织需求、岗位需求、干部需求，不断优化教育培训方式方法，进一步增强教育培训的系统性、针对性、有效性。要围绕党中央重大决策部署，结合国家重大战略需求，分领域分专题学习培训，提升干部推动高质量发展本领、服务群众本领、防范化解风险本领。要扎实做好干部教育培训的基础保障，发挥好党校（行政学院）干部教育培训主渠道主阵地作用，加强政治把关，持续下大气力抓好师资队伍建设。党员干部要发挥专业领域特长，激发学习能力，善于知识更新，深入贯彻新发展理念，推动经济社会全要素、全过程高质量发展。

要建立健全实践锻炼机制。空谈误国，实干兴邦。全面建成社会主义现代化强国、实现第二个百年奋斗目标，以中国式现代化全面推进中华民族伟大复兴是新时代新征程赋予中国共产党人的使命任务。全党上下要保持干事创业的精神状态，党员干部要练就真功夫、增长硬本领，必须勤于磨炼、踏实肯干，要坚持问政于民、问需于民、问计于民，通过调查研究、下沉基层、挂职锻炼等方式积极深入一线察民情、体民意，锤炼党性、淬炼作风，以锐意进取的意志务实功、求实效，提振攻坚克难的精气神，焕发干事创业的新活力，从生动鲜活的基层实践中汲取智慧，让更多群众的金点子转化为破解难题、推动发展的金钥匙。

要建立健全容错纠错机制。干事业总是有风险的，不能期望每一项工作只成功不失败。要完善考核评价和激励机制，既鼓励创新、表扬先进，又允许试错、宽容失败，营造想改革、谋改革、善改革的浓郁氛围。建立健全容错纠错机制，宽容干部在改革创新中的失误错误。必须按照"三个区分开来"（要把干部在推进改革中因缺乏经验，先行先试出现的失误和错误，同明知故犯的违纪违法行为区分开来；把上级尚无明确限制的探索性试验中的失误和错误，同上级明令禁止后依然我行我素的违纪违法行为区分开来；把为推动发展的无意过失，同为谋取私利的违纪违法行为区分开来）原则，明确相关的具体情形和政策界限，推动形成有利于干部想作为、敢作为、善作为的良好政治生态环境。一方面，要注重从精神状态、作风状况考察政治素质，既看日常工作中的担当，又看大事要事难事中的表现。考核考察要尊重对立统一规律，全面、辩证地看待干部，公平公正地对待干部，要看主流和本质，绝不能粗暴地一棍子打死。坚持优者上、庸者下、劣者汰，使能上能下成为常态。对法律没有明令禁止的、经过民主决策程序的、没有谋取个人私利的、出现负面状况时及时采取补救措施的党员干部行为，应出台行之有效的办法，划清干事创业和庸政懒政的界限，划清敢于担当和肆意妄为的界限，真正做到为担当者担当、为负责者负责。要鼓励支持党员干部坦荡真诚地同企业家交往，不勾肩搭背，也不背靠着背，而是主动靠前、积极服务，着力构建亲清政商关系。另一方面，要将纪律挺在前面，依法依纪严肃查处损害和破坏经济社会发展的案件，不能让改革发展的主旋律受到干扰。着力查处不作为、慢作为、乱作为行为，切实解决推诿扯皮、效率低下、吃拿卡要等问题，积极营造优质高效的政务环境。此外，党员干部在干事创业过程中难免会受到刁难、围攻、诽谤、诬告以及其他人身伤害。对此，一定要坚持公开、公平、公正原则，对经调查确属诬告的，要澄清事实，还党员干部以清白，拿出感情、倾注精力、找到办法，切实增强党员干部的荣誉感、归属感、获得感。要切实追究发布虚假信息者的责任，切实保护那些作风正派、敢作敢为的党员干部，让干事创业者吃下"定心丸"，增强党员干部队伍的凝聚力、战斗力和创造力。

要建立健全干部队伍激励机制。为政之要，惟在得人。党的十八大以来，习近平总书记反复强调要关心关爱干部，多为干部办实事、办好事。要把党员干部关心关爱工作作为一项重要政治任务来抓，列入重要议事日程，专题研究部署、主动协调谋划、高位推动落实。关心关爱干部要用真心、动真情，在政治上激励、工作上支持、待遇上保障、心理上关怀，让吃苦者不吃亏、流汗者不流泪、担当作为者没有后顾之忧。对各级党员干部坚持做到严管就是厚爱，尤其对基层党员干部应高看一眼和厚爱一分，切实树立基层一线选干部、用干部、出干部的选人用人导向，切实锻造出忠诚、干净、担当的高素质干部队伍。要切实把党中央关心关爱激励党员干部的各项措施要求落实到具体人、具体事、具体工作中，让广大党员干部在政治上更有盼头、工作上更有劲头、生活上更有奔头，以永不懈怠的精神状态和一往无前的奋斗姿态投身到社会主义事业的生动实践中。

第五章

如何始终能够及时发现和解决自身存在的问题

　　如何始终能够及时发现和解决自身存在的问题，这是习近平总书记强调的大党独有难题的第五个难题。这充分体现了我们党对所处历史方位、肩负使命任务、面临复杂环境的清醒认识。100多年来，我们党能够经千难而百折不挠、历万险而矢志不渝，成为打不倒、压不垮的马克思主义政党，一个重要原因在于始终能够及时发现和解决自身存在的问题，始终把握历史主动、走在时代前列。

一、堡垒最容易从内部攻破

170多年前，马克思、恩格斯在其划时代的著作《共产党宣言》中首次提出了共产党作为无产阶级组织存在的意义和价值，即"一方面，在无产者不同的民族的斗争中，共产党人强调和坚持整个无产阶级共同的不分民族的利益；另一方面，在无产阶级和资产阶级的斗争所经历的各个发展阶段上，共产党人始终代表整个运动的利益"①。这实际上用最精简的语言直接阐明了共产党在无产阶级革命阶段所表现的性质和原则。列宁则是这一理论的忠实践行者。

众所周知，列宁领导的十月革命取得胜利后，拥有35万党员的苏联共产党成为执政党，世界上第一个社会主义国家由此建立。但在胜利面前，党员干部队伍暴露出不少问题，主要表现为：一是党员干部容易因为取得的成绩而变得狂妄自大，"他们改换保护色，像兔子一到冬天就变成白色一样"②；二是由于政党地位发生了变化，在党员干部身上出现贪污腐化的势头，"共产党员成了官僚主义者"③；三是共产党员的文化素质普遍很低，管理人才匮乏，组织体系建设落后。列宁把这三大问题概括为"狂妄自大""贪污受贿""文盲"，并作为苏联共

---

① 《马克思恩格斯选集》（第四卷），人民出版社1995年版，第395页。
② 《列宁选集》（第四卷），人民出版社1995年版，第561页。
③ 《列宁全集》（第五十二卷），人民出版社1988年版，第300页。

产党的"三大敌人"加以整改。就是在这一背景之下，列宁非常清醒地认识到隐藏在胜利背后的危机，提出了堡垒最容易从内部攻破的著名论断。随着苏联共产党执政实践的不断发展，这些问题逐步暴露与堆积。为了防止堡垒从内部攻破，20世纪30年代，斯大林提出："党是工人阶级的领导部队，是它的先头堡垒……。堡垒是最容易从内部攻破的。为要达到胜利，首先必须在工人阶级的党内，在工人阶级的领导司令部内，在工人阶级的先头堡垒内，把投降主义者、逃兵、工贼和叛徒清除出去。"①在他看来，堡垒的守护在于保证党内思想的坚定、保证党的队伍纯洁。但可惜的是，1991年12月25日，建党93年、执政74年、拥有近2000万党员的苏联共产党垮台了。那么，问题究竟出在哪里？究其根源，最根本的是苏联共产党内部的蜕化与变质。

同样，在中国共产党的历史上，也曾经因为内部堡垒被攻破而遭受过损失和打击。在中国共产党刚刚诞生的时候，1921年在上海召开了具有重要历史意义的党的一大，会议中有13名代表，代表全国50多名共产党员参加了这次会议。可以说，这13名代表曾经因为同一个信念和信仰走到一起，同样也因信念和信仰而有着不同的人生结局。他们有的坚持到革命胜利，有的在革命斗争的过程中牺牲了，还有的与中国共产党渐行渐远。其中，张国焘、陈公博、周佛海曾经都是党的一大代表中的佼佼者，但非常遗憾的是，在波涛汹涌的时代，他们与我们党所主导的道路背道而驰。梳理他们的人生轨迹，他们都背叛党，共产党员的忠诚、信仰、担当并没有在他们身上体现出来。特别是张国焘，他曾经是李大钊的学生，早年在北京大学求学时，就是学

---

① 《联共（布）党史简明教程》，人民出版社1975年版，第396页。

校的风云人物，跟邓中夏以及同为党的一大代表的刘仁静并称"北大三杰"。但是在革命征途中，由于理想信念不坚定、党纪观念薄弱、人性的自私与贪婪、集体与个人的失衡，他多次对抗党中央的决定和路线，红军长征途中甚至提出"另立中央"，最后走向了中国共产党的反面。在那个动荡的年代，他们曾怀着满腔的激情和热血，有开创新事业的斗志，但是他们思想堡垒的动摇决定了他们成为堡垒里的破坏分子。

苏联共产党的垮台和党的一大部分代表的人生沉浮都说明，堡垒是可能从内部被攻破的。一个政党，越是执政时间长，政党建设越艰难，不能有丝毫松懈；组织中的个人思想、组织路线的错误也可能引发组织的失败。今天的中国共产党已经走过百余年党建历程，截至2022年12月31日，已拥有9804.1万名党员、506.5万个基层党组织（见中国共产党党内统计公报），成为世界上第一大执政党。对此，习近平总书记指出："我们党是世界上最大的政党，大就要有大的样子，同时大也有大的难处。"①在这些难处中，如何能够始终及时发现和解决自身存在的问题，是中国共产党以及世界其他政党都需要重视的现实问题，中国共产党也是在不断发现和解决问题中成长起来的。

早期的中国共产党是在内忧外患的夹缝中求生存的政党，强大的使命承载使得我们党在赢得政治生存空间和政治话语权的同时，培育出了自身的"结构弹性和强大调适能力"②。这种能力的最直接表达方式就是，党依据执政使命来进行自我反省与调整。比较典型的是，对

---

① 《习近平谈治国理政》（第四卷），外文出版社2022年版，第5页。
② 唐皇凤：《新时代党的长期执政能力建设：理论依据和战略路径》，《治理研究》2018年第3期。

官僚主义的治理成为国家治理，甚至政党治理中的一大难题。对于中国共产党来说，无论革命、建设、改革，还是发展时期，都非常重视反对官僚主义的问题。早在1930年，毛泽东同志在《兴国调查》一文中就指出了党内官僚主义的表现："摆架子，不喜接近群众。"①但是受革命形势的影响，环境和任务不容许"高高在上，脱离群众，拍脑袋决策，想当然办事，因为那会造成我们离开群众的支持，会给我们自己带来严重后果"②，因而官僚主义现象并没有形成蔓延之势。中华人民共和国成立以后，中国共产党全面执政，受外部环境和政党自身地位变化的影响，很多党员干部在享受权力带来的各种待遇后就变得高高在上、脱离群众，形式主义甚至官本位思想盛行。这不仅影响党的执政形象，而且威胁到党的执政根基。党的十八大以来，经过正风肃纪，官僚主义陋习已经得以遏制。2017年党的十九大新修订的《中国共产党章程》，首次把"反对形式主义、官僚主义、享乐主义和奢靡之风，反对任何滥用职权、谋求私利的行为"③作为党员干部的新要求。这表明，党员干部作为集聚在党内的个体，其一言一行、一举一动容易形成扩散效应。由此，反对官僚主义构成中国共产党防止堡垒从内部攻破的重要抓手。

再如，为了规范党员行为和党内组织生活，从中华人民共和国成立至今，中国共产党不断制定、完善一系列党内法规制度，形成了包括1部党章、3部准则、20多部条例以及一系列规则、办法、规定、细则在内的比较完备的多维立体制度结构，党内制度体系建设迈

① 《毛泽东农村调查文集》，人民出版社1982年版，第245页。
② 戴焰军：《形式主义和官僚主义的成因与治理对策》，《党建》2018年第5期。
③ 《党章党规党纪学习辅导（2019年版）》，人民出版社2019年版，第23页。

入新的发展阶段。在对制度的修订中，最核心的要素在于避免制度功能的空虚与紊乱，制度功能的空虚与紊乱直接表现为：制度内容与程序脱节。所以，制度上的破旧立新，需要在内容上进行不断修正与完善，恰如习近平总书记所说："制度不在多，而在于精，在于务实管用，突出针对性和指导性。"①就这一点来看，反观党内制度的修订路径，从1980年党的十一届五中全会制定的《关于党内政治生活的若干准则》到党的十八届六中全会制定的《关于新形势下党内政治生活的若干准则》，内容上的修正与创新进一步明确了从严治党背景下对党内政治生活的规范化和制度化倾向，突出了实效性。

应当说，辩证唯物主义中的"内因起决定性作用"的论断是极富逻辑性和深刻性的，其科学性毋庸置疑。历史也进一步证明：国家政权的崩溃往往是从某些内部要素的变质开始的，决定政党生命周期的关键要素并不在党员的数量和规模，而在能否及时发现和正视政党自身存在的问题，并围绕这一问题建立一套综合性执政体系。防止堡垒从内部攻破，这是马克思主义政党在执政实践中的科学结晶，是一个关系执政党政治生命的生死攸关的问题。中国共产党在这一方面所做的探索是对党的理念、宗旨的正确解读，而且已经通过具体、强大的现实安排实现了理论与实践的转化，从无形走向有形、从抽象走向具体，构成了党的宗旨理念整体上不同程度的现实创新。

---

① 习近平：《在党的群众路线教育实践活动总结大会上的讲话》，《人民日报》，2014年10月9日第3版。

二、坚持真理、修正错误的独特优势

人类对客观世界的认识总是在不断进步与发展。但受主客观因素的制约，在不同的历史阶段，人的认识总会出现这样那样的局限性，任何人在认识世界和改造世界的过程中都不可能不出现认识上的偏差，因而不断修正认识是人在探索客观世界过程中的常态。对于一个政党而言，发展的进程与认识的深度是相伴而生的，政党总是在思想认识的激荡中创造属于自己的历史。既然思想的认识不能一贯正确，那么如何对待认识上的偏差与错误便成为决定政党走得多远的关键。恰如列宁所阐述："一个政党对自己的错误所抱的态度，是衡量这个党是否郑重，是否真正履行它对本阶级和劳动群众所负义务的一个最重要最可靠的尺度。公开承认错误，揭露犯错误的原因，分析产生错误的环境，仔细讨论改正错误的方法——这才是一个郑重的党的标志，这才是党履行自己的义务，这才是教育和训练阶级，进而又教育和训练群众。"①换言之，敢于坚持被实践证明了的正确的真理，修正那些过时的、被实践证明不正确的路线、方针和政策，才是政党成熟的标志，更是政党立足历史发展前沿的支柱。在马克思主义理论指导之下成长起来的中国共产党，就是在不断坚持与修正中走过百余年历程。

去过延安、瞻仰过党的七大会址的同志能够看到，会场两侧挂有6个插着党旗的旗座，每个旗座上都写着"坚持真理，修正错误"8个大字。坚持真理、修正错误，这是中国共产党人坚持的一贯立场和原则。这一立场和原则既是一套独立的认识体系，又是一套成熟的工

---

① 《列宁选集》（第四卷），人民出版社1995年版，第167页。

作体系，在这套体系中，中国共产党人重塑了自己的价值观。老一辈无产阶级革命家都曾经对这个问题作过经典论述。革命战争年代，毛泽东在《为人民服务》一文中说："因为我们是为人民服务的，所以，我们如果有缺点，就不怕别人批评指出。……只要我们为人民的利益坚持好的，为人民的利益改正错的，我们这支队伍就一定会兴旺起来。"①邓小平在《建设一个成熟的有战斗力的党》中指出："没有批评与自我批评精神，就不会及时地总结经验，修正错误；也不会用正确的和错误的经验，正面的和反面的经验，来教育干部、党员和群众。"②和平建设时期，江泽民在《用邓小平同志建设有中国特色社会主义理论武装全党》中指出："我们要在实践中检验真理和发展真理，抛弃那些对马克思主义的某些原则、某些本本的教条式理解，抛弃那些对社会主义不科学的甚至扭曲的认识，抛弃那些超越社会主义初级阶段的不正确思想，坚决反对那些根本否定马克思主义的错误观点，坚持用辩证唯物主义和历史唯物主义的世界观、方法论去分析和解决问题。"③胡锦涛在《求是》杂志发表的《领导干部要带头增强党性》一文，明确提出了"坚持真理、修正错误"的观点，他说："马克思主义世界观的确立和坚持，决不是一朝一夕的事情；也不会随着党龄增加、职位上升而自然获得，必须经历一个长期不懈的艰苦努力的过程，一个不断坚持真理、修正错误的过程。"④党的十八大之后，习近平总书记对这个问题作过多次阐述，并一针见血指出过党内的问题，他说："有问题不指出，有过错不批评，这种庸俗作风盛行之处，往

---

① 《毛泽东选集》（第三卷），人民出版社 1991 年版，第 1004—1005 页。
② 《邓小平文选》（第一卷），人民出版社 1994 年版，第 346 页。
③ 江泽民：《论党的建设》，中央文献出版社 2001 年版，第 112 页。
④ 胡锦涛：《领导干部要带头增强党性》，《求是》1995 年第 18 期。

往就是党组织和领导上政治软弱、作风涣散的地方，就是党员、干部中出问题多的地方。"[1]

作为成熟的工作体系，"坚持真理，修正错误"贯穿了中国共产党革命和建设全过程。1932年中央红军粉碎第三次"反围剿"之后，共调度100万军队采取"堡垒主义"策略，对红军及其根据地进行大规模"围剿"。这时，中共领导人竟然在红军中推行"左"倾冒险主义路线，且拒不接受毛泽东的正确建议，坚持用阵地战代替游击战和运动战，用所谓的"正规"战争代替人民战争，结果使红军完全陷于被动地位。最后于1934年10月仓促命令中央领导机关和红军主力退出根据地。这就是战略选择错误带来的代价。中央红军开启长征之后，一路上遭遇了敌军最强大的围追阻截，付出了最惨烈的牺牲。直到遵义会议后，我们党开始确立毛泽东同志在全党和全军的核心地位，才从根本上挽救了中国共产党、挽救了中国革命。也是从那时候起，中国共产党人更加坚定了"坚持真理，修正错误"的理念。

中华人民共和国成立后，中国共产党在社会主义革命和建设的实践中探寻社会主义革命和建设的规律，同样也付出了艰辛的努力。1956年，随着社会主义改造的完成，社会主义制度全面确立，标志着社会主义建设道路沿着正确的轨道进行。而从1957年开始，由于思想认识上的冒进，反右派斗争扩大化，中国共产党由此在全国开展了轰轰烈烈的"大跃进"、人民公社化运动，1962年"反右倾"、1964年之后开展社会主义教育运动过于激烈，直至"文化大革命"十年内乱，这些错误给党和国家以及人民造成了很大损失。在对待这些错误上，中国共产党采取实事求是的态度，1978年12月召开的十一

---

① 习近平：《扎实做好保持党的纯洁性各项工作》，《求是》2012年第6期。

届三中全会分析了社会主义建设问题上的错误。1981年6月，党的十一届六中全会讨论通过了《中共中央关于建国以来党的若干历史问题的决议》，明确用"坚持真理，修正错误"的态度和原则，对中华人民共和国成立后一系列重大历史事件，特别是"文化大革命"作了全面回顾和总结，客观分析了这些历史事件中党的指导思想的正确与错误以及产生这些错误的主客观原因。党的十一届三中全会后的40多年，中国共产党围绕"什么是社会主义、怎样建设社会主义""建设什么样的党、怎样建设党""实现什么样的发展、怎样发展"，以及"新时代建设和发展什么样的中国特色社会主义、怎样坚持和发展中国特色社会主义的问题""建设什么样的长期执政的马克思主义政党、怎么建设长期执政的马克思主义政党"这些时代课题，不断"坚持真理，修正错误"，从而确保党和国家的事业始终沿着正确的道路前进。

无论作为认识体系还是工作体系，"坚持真理，修正错误"都是解决大党独有难题的重要途径，也是中国共产党通过实践验证的确定的真理，更是本着求真务实的态度和方法论来探索，以及巩固政权、实现长期执政的关键要素。所以，"坚持真理，修正错误"既是认识论的问题，又是政治战略问题。作为政治战略问题，其运行机制是通过实践来评判过去的好与坏、对与错，其支撑的资源是党的宗旨、文化与工作指导方针。从党的宗旨角度，毛泽东曾有过精辟的论述，他说："共产党人必须随时准备坚持真理，因为任何真理都是符合于人民利益的；共产党人必须随时准备修正错误，因为任何错误都是不符合于人民利益的。"[①] 中国共产党执政70多年来，之所以要"坚持真

① 《毛泽东选集》（第三卷），人民出版社1991年版，第1095页。

理，修正错误"，就是要实现为全国人民谋利益。实践证明：凡是真理坚持得好的时候，为人民服务的宗旨就落实得顺利一些；凡是坚持了错误的理论和观点，为人民服务的宗旨在落实上就会遇到挫折。随着中国共产党对执政规律的深入探索，逐渐形成了与党的宗旨相互塑造的落实路径。在这条路径之下，党的宗旨与"坚持真理，修正错误"的原则融为一体。这同时也意味着中国共产党除了要坚持人民的利益高于一切，还要将符不符合人民的利益作为评判是非得失的根本标准。

从党的文化角度可以看出，实事求是是马克思主义理论的精髓，也是中国共产党三大作风之一。回顾党的执政历程，中国共产党遇到的挫折、走过的弯路，大多数都与脱离具体实践、凭主观愿望行事直接相关，都是违背实事求是的思想路线、主观主义泛滥造成的后果。在探索中国特色社会主义道路上，出于维持政权稳定与长远的需要，不可避免会面临如何努力使主观同客观相符合、认识与实践相统一的问题。只有坚持实事求是，才能使中国共产党在领导的国家建设、社会培育中消除思想认识与执政实践之间的紧张关系，构建出长远的执政战略。从党的工作指导方针来看，作为以马克思主义理论为指导的政党，必须坚持辩证唯物主义的科学方法，只有客观、全面、发展地看待问题，才能找到解决问题的方法，有效解决问题。

三、自我革命是党跳出历史周期率的第二个答案

在中国政治发展历程中，中华人民共和国的诞生实际上开辟了两个新境界：一是从夺取政权到实现全面执政，二是从构建现代政治到

建设现代国家。从此以后，中国共产党领导人民推动经济和社会的发展，逐步形成政党、国家和社会协调发展的局面。在这一过程中，中国共产党是组合国家治理资源、编织政权网络、实现社会发展与稳定的中轴力量，在推动社会与国家前进的同时，也实现了自我超越，而这种自我超越源于中国共产党对自身使命的清醒认知，源于"从不讳疾忌医，敢于直面问题，勇于自我革命"①。也正是在这个意义上，党的二十大报告对这一命题作出了新的判断，即"经过不懈努力，党找到了自我革命这一跳出治乱兴衰历史周期率的第二个答案"②，这也是中国共产党"必须时刻保持解决大党独有难题的清醒和坚定"③的前提。中国共产党作为世界上第一大执政党，"党内党外、国内国外赞扬声很多。越是这样越要发扬自我革命精神，千万不能在一片喝彩声中迷失自我"④。从这个意义上说，勇于自我革命是解决大党独有难题的又一把"金钥匙"。基于此，自我革命的学理渊源何在？演变机理如何？如何推进解决大党独有难题？

所谓"革命"，在马克思看来："一般的革命——推翻现政权和破坏旧关系——是政治行为。而社会主义不通过革命是不可能实现的。"⑤在这里，马克思传递了两层含义：其一，革命是变革社会关系的重要历史前提；其二，革命并不是无产阶级政党的终极目标，但不通过革命就无法实现社会主义的过渡。在此基础上，恩格斯得出"革

---

① 习近平：《以史为鉴、开创未来 埋头苦干、勇毅前行》，《求是》2022 年第 1 期。
② 习近平：《高举中国特色社会主义伟大旗帜 为全面建设社会主义现代化国家而团结奋斗——在中国共产党第二十次全国代表大会上的报告》，《求是》2022 年第 21 期。
③ 习近平：《高举中国特色社会主义伟大旗帜 为全面建设社会主义现代化国家而团结奋斗——在中国共产党第二十次全国代表大会上的报告》，《求是》2022 年第 21 期。
④ 习近平：《以史为鉴、开创未来 埋头苦干、勇毅前行》，《求是》2022 年第 1 期。
⑤ 《马克思恩格斯全集》（第一卷），人民出版社 1956 年版，第 488 页。

命是政治的最高行动"①这一重要论断。因为，在资本主义社会，鉴于资产阶级已经掌握国家政权，其在政治、经济和社会等方面的利益都可以直接通过国家出面加以保护，而作为除了"锁链"（被资产阶级奴役、压迫和剥削）一无所有的无产阶级，他们的利益没有直接的政治平台来保障，只能通过暴力的革命手段砸碎锁链来换取整个世界。所以，马克思恩格斯在《共产党宣言》中进一步指出："革命不能故意地、随心所欲地制造，革命在任何地方和任何时候都是完全不以单个政党和整个阶级的意志和领导为转移的各种情况的必然结果"②；"共产党人为工人阶级的最近目的和利益而斗争，但是他们在当前的运动中同时代表运动的未来"③。按照这样的逻辑，可以分析无产阶级政党领导革命运动的内在进程应该是：先通过革命手段对经济和社会进行改造，培育具有社会主义性质的社会体系，在此基础上，全面发育社会主义的经济政治体系，并围绕这一体系的发展状态与发展阶段进行自身改造，以期实现二者在时空上的稳定与和谐。对无产阶级执政党来说，这意味着要同时满足双重要求：一是满足重塑国家与社会的要求；二是满足新的国家、社会体系对政党领导与重塑权威的要求。所以，此时掌握新生政权的无产阶级执政党就不得不面临如何保持自身行动逻辑与现代化国家运作相衔接，并由此开辟执政党的新历程，创造国家新奇迹的问题。

　　显然，对于中国共产党来说，在其主导的国家建构过程中依然遵循着上述逻辑路径。如果把中国共产党在执政前的革命运动和执政后的活动放在一起观察，就可以清楚地发现：前者为新生国家政

---

① 《马克思恩格斯选集》（第二卷），人民出版社1972年版，第440页。
② 马克思、恩格斯：《共产党宣言》，人民出版社2014年版，第73页。
③ 马克思、恩格斯：《共产党宣言》，人民出版社2014年版，第64页。

权的创建确立基础，后者则为巩固新生政权提供条件和保障，二者具有内在关联性。需要指出的是，在这一过程中，中国共产党的使命有二：一是全面构建国家制度和培育现代社会，二是实现政党自身的适应性调试。其实践路径在于：第一，政党通过组织人事权把所属党员输送至国家机关直接掌握国家权力；第二，政党通过在各行业、各领域设立基层党组织实现对社会的全面动员与掌控；第三，在确立对国家、社会的领导与掌控的同时，依据形势的变化实施自我调适，也就是今天中国共产党提出的"自我革命"。在这样的关系格局下，就使得国家、政党、社会三者的良性互动有了运行基础，而政党在这一关系中处于主导地位，此时如果没有一个强势政党作为支撑，那么整个政治系统将陷入一盘散沙，甚至还有瘫痪的危险。

中国共产党是从革命战争中成长起来的政党，"除了赢得中华人民共和国外，中国共产党在革命战争中所赢得的另一份重要成果，无疑就是党本身强大的领导力量和领导权威"①。由此，中国的政治运行逻辑不能仅仅局限在遵循政治三要素运行的基本规律之上，还应充分考虑中国共产党的地位、功能以及所处的外部环境等因素。因为，随着革命战争的结束和中华人民共和国的诞生，政治环境发生了很大变化，此时中国共产党在革命战争中积攒的优势并不都能适应环境的变化，有些甚至由于环境的变化对执政党带来了反面的挑战。作为执政党的中国共产党，不是从天上掉下来的，而是从中国社会中产生出来的，面对挑战，中国共产党唯一能选择的就是强化自身变革和提升自身适应能力。从这个角度讲，敢于担当、勇于自我革命的精神特质成

---

① 林尚立：《当代中国政治形态研究》（第二版），天津人民出版社 2017 年版，第 125 页。

了决定中国共产党能否走得更远的重要因素。

可以说，中国共产党在革命战争时期领导的革命运动为中国现代政治体系提供了历史准备和实践基础，是领导国家建设和发展的重要政治资本；而党在执政后所处现代政治体系中进行的自我革命，则体现为一种历史延续，是为巩固政党在现行政治体系中的政治地位和政治成果所作的支撑，是一种政治形态的聚变。政治实践从本质上来说是变化的、批判的、革命的，在这一过程中政党自身能在多大程度上实现转型，自我革命的精神特质恰恰体现了这种辩证范式。中国共产党作为新型无产阶级执政党，如何突破陈规、开拓创新，不仅仅是一种理念，更是一种行动表达。

从中国共产党执政70多年的逻辑看，党的自我革命植根于党的执政使命。早期的中国共产党是在内忧外患夹缝中生存的政党，强大的使命承载使得我们党在赢得政治生存空间和政治话语权的同时，培育出强大的调适能力。这种能力的最直接表达方式就是，党依据执政使命来实施自我革命。恰如中国共产党在完成中国资产阶级民主主义的革命（新民主主义的革命）后，准备在一切必要条件具备的时候把中国革命转变到社会主义革命的阶段上去，这就是中国共产党光荣的伟大的全部革命任务。这就是说，中国共产党不仅要改造和重塑社会体系，还要创造新型社会形态，即社会主义社会形态。由此，建立了中华人民共和国，成为旧社会和新社会的分界点，实现了从"革命力量"到"执政领导"的身份转变。之后，从社会主义改造、建设时期，到改革新时期，现代化发展、国家建设以及民族复兴目标使命始终伴随中国共产党自身发展的全过程，是其成为执政领导力量之后需要思考的基本问题。尤其是今天中国特色社会主义步入新时代，中华人民共和国成立70多年的积淀，改革开放40多年铸就的伟大成就，中国从赶超型发展中国家跃升为世界第二大经济体，中国共产党在推动国家和社会全面建设之后提出国家治理现代化目标、统筹推进"五位一体"总体布局、协调推进"四个全面"战略布局，使得政党与国家、社会的联系及互动日益紧密，党在政治系统中的轴心位置日益凸显，政党的政治价值和现实意义也得以集中体现。

一方面，要用革故鼎新的政治智慧夯实党的思想理论体系。一般而言，政党思想理论体系中包含的思想和原则，直接决定政党在复杂形势和艰巨任务面前的态度和行为方式。中国共产党思想理论的形成也经历了一个漫长的过程，在形成体系之前，往往表现为主义、取向。早在抗日战争时期，毛泽东就提出："无产阶级怎样经过它的政党实现对于全国各革命阶级的政治领导呢？首先，是根据历史发展行程提出基本的政治口号。"①中国共产党就是依靠这些看家本领才走到了今天，党的领导很大程度上也依赖于思想理念中蕴含的精神和价值。建党百余年来，思想理论体系的光辉之所以毫不逊色于道义上的使命担当，就在于中国共产党能够依据不同的时空环境提出适宜的政治理念、价值原则和精神取向，把这些单个要素汇聚到一起，便构成了不同历史发展阶段的思想理论体系，形成了毛泽东思想、邓小平理论、"三个代表"重要思想、科学发展观。特别是党的十八大以来，为了回答好新时代建设和发展什么样的中国特色社会主义、怎样建设和发展中国特色社会主义的问题，形成了习近平新时代中国特色社会主义思想。从整体上看，这些思想理论具有深刻的时空轨迹，其植入国家和社会的行为明显表现为长期性、战略性和全局性。同时，其践行的规范性重于嵌入的灵活性，结果导向就是在延续理论生命力的同

---

① 《毛泽东选集》（第一卷），人民出版社1991年版，第262页。

时，也实现了行为规范和形式上的灵活性，并在不断更新和发展中把政治运作中追求的政治认同凸显出来了，中国共产党也在这样的凸显效应中进一步巩固领导地位。

另一方面，党的领导要适应现代化需求，就应该把党的思想理论不断充实到党的建设各个领域，把党的活动原则从实践层面贯穿于党的建设全过程，保证党的领导更加有力。由此，党的组织原则也就顺理成章地成为推行全面从严治党中必须探讨的要素。就组织原则而言，民主集中制是中国共产党成立以来就一直遵循的根本组织原则，"民主基础上的集中和集中指导下的民主"的核心精神，在立足现实问题的基础上，不断激发出新的功能和内容。基于此，民主集中制原则落脚的内容就体现在党内民主决策过程、高素质干部队伍建设、党内监督制度体系、党内正风肃纪、基层党组织功能发挥等。这就是说，党的组织原则在现实政治生活中，不是要改变长期以来对"民主"和"集中"的对抗性认识，而是要放大二者的实践价值，通过政党组织及其确立的原则本身，辐射和带动党的政治建设、思想建设、纪律建设、制度建设和反腐倡廉建设，其优越性在于能做到"确保全党在政治立场、政治方向、政治原则、政治道路上同党中央保持高度一致，确保党的团结统一"①。同时把"自我革命"精神嵌入其中，保障实际运行与现实发展需要保持动态平衡：既不偏离全面从严治党的既定轨道，又不偏离谋求政党发展的规律。由此，中国共产党所强调的领导问题，根本性目的在于要保证国家、社会发展的现代化在一个有效领导条件下进行，以巩固执政地位，实现

---

① 习近平：《高举中国特色社会主义伟大旗帜 为全面建设社会主义现代化国家而团结奋斗——在中国共产党第二十次全国代表大会上的报告》，《求是》2022 年第 21 期。

党的长期执政。因而，以"自我革命"的状态推进全面从严治党高质量进行成为解决大党独有难题的关键。

四、警惕"革别人命易，革自己命难"的怪圈

2000多年前，《周易》强调："安而不忘危，存而不忘亡，治而不忘乱"；孟子进而提出"生于忧患、死于安乐"的警示；在此基础上，清代魏源在《默觚·学篇七》中提出"于安思危，于治忧乱"。尽管这些用典不在同一时空，但是中国古代思想家主要为了表达一个思想：在治理国家过程中，即使处在平安的环境里也应该思虑到危难，在稳定的时候要考虑到有可能发生动乱的那一天；防患于未然，把困难估计得充分一些，要有随时应对意外风险的准备。那么，在相对简单的中国传统治理环境中，这些思想家为什么会强调这一点呢？其实，这一思想的本意反映了对国家治理和社会运行的规律性认识。因为，在社会的安与危、治与乱之间，是没有绝对界限的。从空间分布状况看，往往是安中有危、治中有乱；从时间发展历程说，安可转危、治可转乱。而人的视野总是受主客观条件限制，难料长远，在一定条件下"乱"可以由"治"产生，"治"也可因"乱"而消失。于是，就引申出关键的问题，那就是要在"治"与"乱"的动态变化中寻求平衡，时刻保持忧患意识和风险意识。

对于政党而言，正视自身存在的问题，保持忧患意识和奉献意识，是维持执政生命的一个重要问题。纵观世界各国政党，都把是否具备强大的忧患意识作为能否应对风险、迎接挑战的基本条件。譬

如，墨西哥革命制度党曾是拉丁美洲第一大政党，从1929年建党到2000年失去执政地位，连续执政长达71年，特别是在20世纪80年代初，党员人数达到1300万。然而，2000年的时候却因没有重视解决政党组织体系中出现的官僚化问题而面临竞选衰败。在墨西哥革命制度党内，菲德尔·贝拉斯克斯一人担任墨西哥劳工联合会主席就达50年之久，且这一现象并不是个例，而是一种常态化现象，导致政党与民众的距离越来越远。这就是墨西哥革命制度党连续败选的一个非常重要的教训。这一案例说明，在多党竞争体制下，执政党与反对党虽难以形成合力，却可以在政治摆钟中形成轮流执政、相互制衡态势，这一制衡态势总是在政党忽视自身问题而放大其他政党的问题中完成角色的转换。同时，在这一过程中，不管是执政还是在野，政党往往会利用自身原生性资源优势，不断提升自身能力、扩展发展空间，这样一来，在放大的光环面前，便缩小甚至忽视了已有的问题，直到政党角色互换的那一刻。在一党长期执政的国家里，虽然执政党具备天然的法理优势，但执政时间之长必然带来一定的惰性，政党更容易僵化，在现代化进程中依然会遇到现实困境：一方面因其长期掌握的执政资源，所受的监督与制约较少，会因利益分配问题存在较大的腐败空间，执政合法性受阻；另一方面长期执政的优势会限制执政党的转型，改革难以为继，致使现有执政资源支撑下的政治体系无法适应时代的变迁。所以，任何社会制度下的政党运作，都需要时刻看到、找到自己存在的问题，问题意识和忧患意识成为任何政党都要面对的不可回避的问题。

可以看到，忧患意识不仅是中华民族源远流长的文化精神，更是世界政党治国安邦的思想资源。之所以说中国共产党是世界第一大党，不仅在于其规模之大、执政之长、历史之久、使命之重，更在于中国共产党要在执政过程中面临特殊难题：因成立时间之久而面临的历史考验难题，因党员队伍和组织体系庞大而面临的团结统一难题，取得伟大历史成就后毅然前行的干劲，以及因目标远大而面临的能否实现长期执政难题等。正因为如此，中国共产党应该保持忧患意识和风险意识，对此，习近平总书记强调："我们党在内忧外患中诞生，在磨难挫折中成长，在战胜风险挑战中壮大"①；"这么大一个党，处在执政地位、掌控执政资源，很容易在执政业绩光环的照耀下，出现忽略自身不足、忽视自身问题的现象，陷入'革别人命容易，革自己命难'的境地"②。存不忘亡、安不忘危是在中国共产党历经百年风雨历程得出的重要的执政理念和长期执政的必然选择。

延安整风的时候，毛泽东号召全党读《甲申三百年祭》，让党员干部在中国政治的历史教训中找到中国共产党人应该有的担当精神。1945年7月，党外人士黄炎培与毛泽东说起中国历史上一个个政权的更替现象，并提出如何跳出历史周期率的问题时，毛泽东提出："我们已经找到了新路，我们能跳出这周期率。这条新路，就是民主。只有让人民来监督政府，政府才不敢松懈。"③在革命即将胜利前夕，毛泽东在党的七届二中全会上所作的报告中提出了取得革命胜利只是万里长征第一步的论断，并告诫全党保持"两个务必"，警惕资产阶级糖衣炮弹的进攻。中华人民共和国成立后，为了警示领导干部审慎用权问题，1952年我们党毫不留情地处理了刘青山、张子善这两只"大

① 习近平：《增强推进党的政治建设的自觉性和坚定性》，《求是》2019年第14期。
② 习近平：《论坚持全面深化改革》，中央文献出版社2018年版，第327页。
③ 《八十年来：黄炎培回忆录（片段）》，中国文史出版社2017年版，第103页。

老虎"。这对于在执政条件下保持党员干部的廉洁作风产生了巨大影响。"文化大革命"后，中国共产党紧紧抓住"什么是社会主义，怎样建设社会主义"的问题，直面党和国家运行系统中的经济、政治、文化、制度、党的建设等问题，坚持实事求是、拨乱反正，大胆实施改革开放战略，走出了一条建设中国特色社会主义的道路。党的十八大以来，中国特色社会主义步入新时代，中国共产党"经受住了来自政治、经济、意识形态、自然界等方面的风险挑战考验，党和国家事业取得历史性成就、发生历史性变革，推动我国迈上全面建设社会主义现代化国家新征程"①，党更加重视党的建设中的各种问题；党的十九大明确全面从严治党向基层延伸战略，形成了党的政治建设、思想建设、组织建设、作风建设、纪律建设和制度建设的布局；党的二十大修改了党章，对百年大党如何引领中国式现代化和实现中华民族伟大复兴进行了深入的思考。

考察中国共产党的党建历程，不难发现，中国共产党的伟大不在于不犯错误，而在于从不讳疾忌医，敢于直面问题。这是因为，中国共产党作为中国政治结构中的领导力量，其政治运作也围绕这一基本定位展开：在国家治理层面，中国共产党作为广大人民群众的代表掌握着国家政权，负责国家的治理和发展；在社会治理层面，中国共产党也代表着社会，与社会建立了广泛、深厚的联系，是引领和掌控社会的核心主导。这进一步表明：中国共产党以自身肌体融入国家与社会发展的潮流，开辟出自己的新道路，并在不断前行的道路上与国

---

① 习近平：《高举中国特色社会主义伟大旗帜 为全面建设社会主义现代化国家而团结奋斗——在中国共产党第二十次全国代表大会上的报告》，《求是》2022 年第 21 期。

家、社会两种力量进行互动、合作，从而形成既能掌控全局，又能大胆吸纳包容多样化政治文明的格局。在这样的格局下，如果没有忧患意识，如果不能深化对过去、现在、未来问题的认识，那么无疑管党治党的能力就会僵化，无疑党的领导能力和执政能力就会弱化。一路走来，中国共产党的忧患意识与责任担当始终激励着一代又一代中国共产党人前赴后继，这种优质的文化基因始终植根于中国共产党的肌体，造就了中国共产党的宝贵品质。客观地说，中国共产党发展历程中遇到的问题在世界其他政党身上也同样会发生。但是中国共产党的可贵之处就在于，不仅能正视自身存在的问题，还能从世界政党发展的兴衰中去领悟那些普遍性的难题，也能从中国共产党所处的变化了的时代环境中去理解自身面临的独特性问题。因而，破解"革别人命容易，革自己命难"的怪圈，实际上就是要不断增强忧患意识，在此基础上自立自强，恰如马克思的阐述："哲学家们只是用不同的方式解释世界，而问题在于改变世界"[1]，而改变世界的唯一途径就在于在不断解决问题的过程中前行。因而，"革别人命容易，革自己命难"，既是中国共产党破解大党独有难题过程中必须解决的问题，又是世界各个政党建设中不可忽视的真实现象。中国共产党用与生俱来的优秀品格破解这一问题，既彰显了执政使命中的价值情怀，又是永葆党先进性与纯洁性的前提。

---

① 《马克思恩格斯选集》（第一卷），人民出版社1995年版，第61页。

五、始终保持执政业绩光环下的清醒

指导中国社会发展的理论基础是马克思列宁主义，而其思想核心是历史唯物主义的世界观和方法论。马克思主义认为，人类认识世界和改造世界的过程，既是一个发现旧问题、解决旧问题的过程，又是一个发现新问题、解决新问题的过程。在这一辩证运动中，实践无止境，发展无止境，只要有发展，就不可能没有问题。只有围绕发展中的问题进行变革才能创造新的发展。在推动社会发展与解决问题的过程中，其立足点始终是站在创造发展、完善发展和保障发展上。这个世界观和方法论，不仅塑造了中国共产党对待中国社会发展的态度，而且有力地支撑着中国共产党持续不断地推动社会改革实践。因而，与其说推动中国社会发展的是生产力的进步，不如说是背后不断追求发展的态度和理念。同样，对于已经成为世界第一大执政党的中国共产党来说，需要面对的大党独有难题之一，就是在取得成绩之后如何保持源源不竭的发展动力问题。除了要进一步提高长期执政能力之外，更为重要的是，需要保持执政业绩光环之下的清醒。由此，时刻保持清醒的态度就成为中国共产党执政过程中非常重要的问题，恰如习近平总书记所强调的："决不能有松劲歇脚、疲劳厌战的情绪。"①

客观地讲，中国之所以能在我们党执政70多年、改革开放40多年里赶超西方发达国家200多年的业绩，成为世界第二大经济体，关键就在中国共产党能够始终保持执政光环下的坚定与清醒，不断追

---

① 习近平：《高举中国特色社会主义伟大旗帜 为全面建设社会主义现代化国家而团结奋斗——在中国共产党第二十次全国代表大会上的报告》，《求是》2022年第21期。

求，勇往直前，在创造发展新局面的同时，也逐步构建起保证中国共产党永葆发展的动力体系。这种动力体系的形成，使中国共产党塑造出一种永动机式的发展模式。总结中国共产党执政70多年来的动力体系，主要由以下三方面的特质构成：

第一，中国共产党在寻求发展的执政历程中，塑造了强大的调适能力，这是保持执政清醒的基本前提。在中国的政治实践中，中国共产党的政治追求始终围绕构建新的政治体系来开展。在这样的条件下，无论是出于国家建构的需要，还是基于人民主体的价值研判，都需要中国共产党塑造强大的调适能力。因为，对于中国这样一个后发型国家来说，其建设和发展都不可能借助外力来实现，这就理所当然地要求中国共产党自身具备强大的能力，而事实上，中国共产党肩负的使命是与时代责任同行的，这也就决定了能否拥有强大的调试和应变能力成为能否更好履行执政使命的关键。所以，在这样的政治逻辑指引之下，中国共产党以实现人民的利益为中心，以构建现代化国家为根本，以长期执政能力建设为依托，在不断自我革新和自我建设中塑造了强大的自我调适能力。中华人民共和国成立后，尤其是改革开放以来，在对社会主要矛盾的表述方面，党的十九大报告将延续了36年的"人民日益增长的物质文化需要同落后的社会生产之间的矛盾"调整概括为"人民日益增长的美好生活需要和不平衡不充分的发展之间的矛盾"[①]。这既是对社会发展进程和形势作出的最新研判，又对整体的国家建设和治理提出了更高层次的战略部署，更对提升中国共产党长期执政能力、优化执政使命提出了新要求。在推行人民民主方面，中国共产党创造性地把党的群众

---

① 习近平：《决胜全面建成小康社会 夺取新时代中国特色社会主义伟大胜利——在中国共产党第十九次全国代表大会上的报告》，《人民日报》2017年10月28日第1版。

路线运用于民主建设之中，培育出具有独特优势的社会主义协商民主，其广泛、多层、制度化发展形式，为形成政党与民众之间的共识贡献了制度平台，也为巩固执政基础、拓展执政资源提供了支撑。然而，这样的积累离不开党的自身建设。当然，对于党的自身建设问题，中国共产党也经历过多次调适，从推行思想、组织、作风"三位一体"建设，到思想、组织、作风、纪律"四位一体"建设，再到今天提出的政治、思想、组织、作风、纪律"五位一体"建设，充分说明了中国共产党全面从严治党的决心。概括起来，就是通过认清社会发展过程中的阶段性任务，有效践行中国特色社会主义民主制度，挖掘人民群众的智慧，与全面落实中国共产党自身责任一起，共同服务于中国共产党领导的人民幸福、民族复兴的事业。这种历史实践也再一次证明，中国共产党是具有强大调适能力的政党，这是中国共产党在百余年探索和70多年的执政实践中形成的能力，深深植根于中国政治土壤之中。相反，如果没有这种能力，就无法拥有充满生机活力的政党形态，也就不能提出切实可行的治党治国方略，更无法肩负历史和时代赋予的使命。

第二，中国共产党在寻求发展的执政历程中积攒了强大的执政资源，这构成了执政光环下依然保持清醒的政治底气。执政资源之于政党的重要性，就好比"巧妇难为无米之炊"，如果在执政系统中缺乏必要的执政资源，就等于失去了源头活水，整个政治系统就有可能随时面临瘫痪的危险。中国共产党70多年的执政实践表明，中国共产党之所以既能立足现实，又能引领未来，既推动了国家的发展，又把握着民族的命运，最关键的一点在于，中国共产党在谋求国家和社会发展的过程中练就了一种政治本领，这就是执政资源汲取能力。从这个意义上说，执政资源的汲取、统筹和驾驭能力，是确保中国共产党在复杂执政环境中保持政治韧性的基础，也是践行中国共产党初心的内在要求。那么，执政资源的汲取从何而来？学习能力是汲取执政资源的基础。注重学习是中国共产党的优良传统，"我们依靠学习走到今天，也必然要依靠学习走向未来"[1]。这种学习能力不能仅仅体现在理论创新上，还要着眼于国家发展战略方面，汲取理论和实践的方方面面内容，从整体上提高长期执政能力。需要指出的是，注重学习，汲取学习过程中的成果与养分，不仅要继承中国共产党执政实践中的宝贵传统资源，而且要在日新月异的今天开辟出适合当今执政要求的新资源，实现资源的"节源"与"开流"，将消费的资源变成可再生性资源，服务于党的执政体系，才能巩固政权实现长期执政。革命战争年代，毛泽东同志曾经说过"从战争学习战争"[2]；改革建设年代，邓小平同志用"摸着石头过河"的方法推进改革开放；新时代，习近平总书记要求"坚持问题导向，真刀真枪解决问题"[3]。这些思想共同指向了一个问题，那就是直面现实，立足执政实践。当前，中国特色社会主义已经步入新时代，在这个时代背景之下，中国共产党面临的复杂矛盾和问题交织在一起，中国共产党要做到不辜负这个时代，做到守初心、担使命，就要把自身置于时代之中，听时代之声、忧时代之虑、答时代之问、担时代之责，从学习中寻求发展机遇、不断发展壮大。

第三，对政治理想的承诺和强烈的使命感、信念感，对于超大规模的中国共产党来说，是一种精神信仰支撑，这是保持执政清醒

---

① 习近平：《在纪念朱德同志诞辰 130 周年座谈会上的讲话》，《人民日报》2016 年 11 月 30 日第 2 版。

② 《毛泽东选集》（第一卷），人民出版社 1991 年版，第 181 页。

③ 习近平：《牢记初心使命 推进自我革命》，《求是》2019 年第 15 期。

与坚定的精神力量。中国共产党作为承担独特历史使命的现代化政党，在获得国家政权之后，不仅要推动社会主义建设，坚定中国特色社会主义道路，而且还要着眼于建立更高的社会形态，最终实现共产主义。这种社会形态，相对于以代议制民主和多党竞争为依托的西方资产阶级政党而言，不存在政党与选民之间的利益交换关系，更不存在政治相关者寻求利益最大化倾向。中国共产党所追求的是不拘泥于某一社会阶层、超越狭隘的眼前和局部利益、代表广大人民根本利益的具有极强开创性和超越性的社会形态。这种政治图景如同马克思、恩格斯的描绘："代替那存在着阶级和阶级对立的资产阶级旧社会的，将是这样一个联合体，在那里，每个人的自由发展是一切人的自由发展的条件。"① 所以，中国共产党自成立的那一刻起，就旗帜鲜明地亮出了自己的政治底色，即坚定共产主义远大理想和中国特色社会主义共同理想，这是中国共产党伦理情怀的承载与体现。然而，这种政治愿景并不能一蹴而就，需要花很长的时间，也需要花很大的气力。此时，如果没有一种强大内驱力置于其中，就无法真正把中国共产党组织起来，无法焕发和创造出克服困难的勇气，更无法承担起为人民谋幸福、为民族谋复兴的政治使命与担当。因而，新时代背景下，一方面，对马克思主义的信仰，对社会主义和共产主义的信念，是共产党人的政治灵魂，是共产党人经受住各种考验的精神支柱；另一方面，更为重要的是，还需要铸就这种精神支柱的背后力量，锤炼出强烈的使命感和信念感，把这种使命和信念统一于中国共产党全心全意为人民服务的执政实践之中。只有这样，无论在任何时候，也无论遇到任何困难，这种力量

---

① 马克思、恩格斯：《共产党宣言》，人民出版社 2014 年版，第 51 页。

都构成中国共产党的价值依归，构成中国共产党筑梦前行的精神动力，构成不断建功立业的力量积淀。

上述三大动力机制所构成的中国发展动力体系，实际上也是中国共产党取得的重要成果。中国共产党之所以能创造伟大的执政奇迹，关键在于中国共产党始终从自身的使命、责任、能力与寻求长远发展出发，从而始终能够在发展的过程中不断解决问题。当然，中国共产党作为百年大党，所走过的历程并不是一帆风顺的，遇到的独有难题也是世界其他政党无法想象的，充满了艰难险阻。能够持续到今天，离不开中国共产党的坚持与努力。未来中国共产党要继续持续走下去，靠的还是这个关键力量。

六、完善党和国家监督体系

中国共产党作为中国政治体系的建设者和维护者，其监督体系奠定了党领导国家建设的基本原则和价值基础。建立和完善权力监督体系使得中国共产党在中国政治体系中，可以以一种专业化、理性化的形式得以诞生和发展。但是，如果这种连续性赖以存在的各种条件和因素，在现实演变中脱离了中国共产党这一母体，就会把某些积极的成长因子削弱，甚至磨灭，滋生出腐败陋习。因为世界各国治国理政过程中都存在这种"通病"。早在美国建国初期出现的"政党分肥制"就是一个大搞裙带、山头的权力分配体系；在法国，贵族身份可以用金钱购买，议员身份也可以用金钱购买，他们把贵族、议员的头衔购买到手，就想以拥护统治特权、反对任何改革来维护其利益；18世纪的英国，官吏的任用完全操控在当权者私人手中。然而，对于以马克思主义为指导思想的中国共产党来说，不仅是一个以追求效率为目标的组织，而且要打破依附权力而产生的异化关系，在尊重理性精神的前提下建立一个权力监督体系。

需要指出的是，中国共产党在看待这一问题上是有超前眼光的。这种超前性最早可以追溯到政权获得之前。中国共产党诞生之后，通过党章和党的纪律反对党内任何形式的腐败行为，以实现对党员干部的权力约束。通过28年的艰苦奋斗，在革命即将胜利前夕，毛泽东在著名的七届二中全会上就提出："党内的骄傲情绪，以功臣自居的情绪，停顿起来不求进步的情绪，贪图享乐不愿再过艰苦生活的情绪，可能生长。因为胜利，人民感谢我们，资产阶级也会出来捧场。敌人的武力是不可能征服我们的，这点已经得到证明了。资产阶级的捧场则可能征服我们队伍中的意志薄弱者。可能有这样一些共产党人，他们是不曾被拿枪的敌人征服过的，他们在这些敌人面前不愧英雄的称号；但是经不起人们用糖衣裹着的炮弹的攻击，他们在糖弹面前要打败仗。我们必须预防这种情况。"[1]如果不重视这些问题，"我们就不能维持政权，我们就会站不住脚，我们就会要失败"[2]。所以，中华人民共和国成立后，中国共产党就把完善党和国家权力监督体系与巩固新生政权，开展社会主义改革、建设和发展全面结合起来，先后形成了一元监督体制、二元监督体制和多元监督体制。

从中华人民共和国成立至1976年，是社会主义改造和全面建设社会主义时期，这一时期中国共产党实施一元廉政监督模式，即党的中

---

① 《毛泽东选集》（第四卷），人民出版社1991年版，第1438页。
② 《毛泽东选集》（第四卷），人民出版社1991年版，第1428页。

央监察委员会和地方各级党的纪律检查委员会承担起对党组织和党员干部遵纪守法情况的监督职责。党的十一届三中全会后，随着党和国家把工作重心转移到经济建设上来，党和国家各项制度都经历了大幅度的改革。1983年，正式成立中华人民共和国审计署，1987年党的纪检和行政监察二元监督体制正式形成，正式确立了二元监督体制；1989年广东率先成立反贪污贿赂局，标志着司法反腐败职能的凸显，随后，最高人民检察院和地方各级人民检察院相继成立反贪污、反渎职和职务犯罪预防机构。2007年，建立国家预防腐败机构。至此，党和国家监督形成了党内监督、行政监督、司法监督的多元监督格局。党的十八大以来，提出了不敢腐、不能腐、不想腐一体推进的反腐败战略，在完善权力监督体系上进一步发力：党的十八届三中全会对"强化权力运行制约和监督体系"作出专门部署；党的十八届六中全会根据新形势修订了《中国共产党党内监督条例》，对健全党内监督体系作出了新的部署；党的十九大正式将"健全党和国家监督体系"写入报告之中；党的十九届三中全会通过《中共中央关于深化党和国家机构改革的决定》，进一步强调"健全党和国家监督体系"，明确要推进党的纪律检查体制和国家监察体制改革；党的十九届四中全会将"坚持和完善党和国家监督体系"专列一章，并不断推进纪律监督、监察监督、派驻监督，健全人大监督、民主监督、行政监督、司法监督、群众监督、舆论监督制度，塑造了党和国家监督体系格局。党的二十大对健全党统一领导、全面覆盖、权威高效的监督体系作出部署，强调以党内监督为主导，促进各类监督贯通协调，并提出要推进政治监督具体化、精准化、常态化。

可以看出，对中国共产党所建立的政权而言，完善权力监督体系，不再仅仅是一个单纯的党建问题，还涉及国家建设和社会培育。

从其价值原则和表现形式来看，其重要性主要体现在政权运行体系上，即中国共产党所追求的必然是有效率的运行体系。中国共产党的权力约束要求严格遵从组织章程。从理论上说，这一点也是维持组织正常运转的必要条件，实际的操作主要体现在遵从规制、技术、等级、纪律，这"一方面是一个权力组合体系，另一方面又是一种权利分配形式"①。从权力组合角度看，就是用刚性的法理约束权力被过度放大，从而为维持集中、统一结构提供了基础；从权利分配形式看，要求党员干部从作为共产党员个体的基本要求出发杜绝思想的腐化，为追求个体理性、实现高度个体的权责一致提供依据。长期以来，中国共产党就是在这样的结合上有效遏制腐败行为的滋生，避免了对党和国家肌体的冲击。

　　中国共产党是一个庞大的组织体系，中国共产党领导的国家也是一个复杂的组织体系，因而，在完善权力约束与监督机制中，二者遵循着不同的实现逻辑。前者从党组织的纪律和意识形态出发，将党的建设与实现权力监督结合起来；后者从国家层面的立法出发，将立法与社会监督结合起来。尽管运用的方式方法不一样，但着力点都对标制度层面的权责对等。这是因为在现代政治视野中，权力的扩张性必然要求对权力实行约束与监督，否则一种肆无忌惮的力量就会威胁政治系统的稳定。尽管对于中国共产党来说，权力并不是其权威树立的唯一来源，但是在中国政治语境下，从形式上看，组织机制的设置为权力的来源提供了权威形成的前提，因而不能脱离权力本身来考察对权力的监督问题。据此，首先，要科学配置权力，无论国家层面还是政党层面，都要设立权力清单和责任清单，

----

① 刘晔：《理性国家的成长：中国公共权力理性化研究》，重庆出版社 2005 年版，第 97 页。

明确权责内容与边界，沿着权责对等的思路消除权大责小、权小责大的现象，并在此基础上形成有权必有责、用权必担责、滥权必追责的机制安排。其次，强化监督，实现监督无禁区、无例外，为此，发力的重点就不能仅局限于政党本身，而是要从中国共产党和社会两个层面加以努力。从中国共产党的角度看，要强化党内监督，把权力置于阳光之下，让全体党员看得见；从社会层面看，中国共产党的使命是要让人民当家作主，人民赋予了权力，在此基础上，人民的监督也是维护权力纯洁性的另一来源，于是在社会层面，就要发挥媒体、社会组织、人民群众等外部力量的监督作用。

随着新时代中国特色社会主义的不断推进，中国共产党的管党治党水平正不断提高，党的领导水平和执政能力正不断增强。一是坚持和加强党中央集中统一领导。党政军民学，东西南北中，党是领导一切的。在这里，党的领导体现在治国理政的实践之中，关系党和国家事业发展的全局，需要落实到经济、政治、文化、社会等方方面面工作之中。一方面要加强集体领导，通过集体决策，实现决策的科学化；另一方面要保障党员的权利实现。这样，既可以激活党组织，又可以团结党员、统一党内意志，为党和国家各项政策、制度的推行提供组织基础和运行保障。二是全面推进国家廉政体系建设。反腐败是任何一个政党都必须要坚持的一项根本性工作，中国政治发展逻辑决定了中国反腐工作是由中国共产党主导的。党的十八大以来，党中央提出的要加强对权力运行的制约和监督，让人民监督权力，让权力在阳光下运行，把权力关进制度的笼子，坚决防止党内形成利益集团等，都体现了中国共产党反腐败的决心。随着国家治理现代化的逐步到位和社会力量的壮大，除了要强化政党反腐败建设，还要加大国家反腐败立法。《中华人民共和国监察法》

是我国首部反腐败立法，进一步提高了反腐败工作的针对性、合法性和有效性，同时也提高了中国共产党的反腐败能力。在党中央坚强领导下，纪律监督、监察监督、派驻监督、巡视监督全覆盖的工作格局已经形成，党和国家监督体系总体框架初步构建，为全面从严治党提供了有力支撑。

第六章

如何始终保持风清气正的政治生态

如何始终保持风清气正的政治生态，这是习近平总书记强调的大党独有难题的第六个难题。政治生态是一个地方和部门党风、政风、社风及从政环境的集中体现。政治生态污浊，从政环境就恶劣；政治生态清明，从政环境就优良。政治生态的优劣直接影响党员干部的从政行为和精神面貌，直接关系经济社会发展的质量和效益。

一、政治生态也要山清水秀

2015年3月9日，习近平总书记在参加十二届全国人大三次会议吉林代表团审议时反复强调净化政治生态的问题，还很形象地说"自然生态要山清水秀，政治生态也要山清水秀"。他指出，政治生态和自然生态一样，稍不注意，就很容易受到污染，一旦出现问题，再想恢复就要付出很大代价。[①]习近平总书记的这段话，可谓切中时弊、振聋发聩。他强调，"严肃认真的党内政治生活、健康洁净的党内政治生态，是党的优良作风的生成土壤，是党的旺盛生机的动力源泉，是保持党的先进性纯洁性、提高党的创造力凝聚力战斗力的重要条件，是党团结带领全国各族人民完成历史使命的有力保障，是我们党区别于其他非马克思主义政党的鲜明标志。"[②]习近平总书记这一系列重要论述，充分展现了党中央全面从严治党的深谋远虑和净化党内政治生态的坚定决心。

自然生态关乎民生，关乎亿万人的身体健康，环境就是民生，青山就是美丽，蓝天也是幸福。因此，我们要像保护眼睛一样保护生态环境，像对待生命一样对待生态环境。而政治生态关乎党员干部的从政心理和精神健康，更需要将积极向上、正气充盈、政治清明、风清

---

① 参见肖伟：《守住政治生态的"绿水青山"》，《经济日报》2018年3月16日第2版。
② 《严肃党内政治生活净化党内政治生态 为全面从严治党打下重要政治基础》，《人民日报》2016年6月30日第1版。

气正作为衡量标准，努力塑造一个山清水秀的政治生态。

第一，山清水秀的党内政治生态，是党的优良作风的生成土壤。回望党的百年奋斗史，井冈山时期，党的干部和战士都吃一样的饭菜，穿一样的衣服，甚至于没收一个地主的鸡蛋，一开始都必须由士兵委员会来进行平分。当时，毛泽东任中国工农红军第四军党代表，朱德任军长。可是，毛泽东、朱德一点架子都没有。为了解决封锁带来的吃饭问题、严冬带来的粮食储备问题，红四军司令部发起下山挑粮运动。朱德也常随着队伍去挑粮，一天往返50千米山路，每次他的两只箩筐都装得满满的。战士们从心眼里敬佩朱军长，心疼他，怕他累坏了，就把他的扁担藏了起来。朱德没了扁担，心里很着急，就自己动手，连夜做了一根扁担。为防止战士们再藏他的扁担，就在上面刻了"朱德记"3个大字。第二天，挑粮的队伍又出发了，朱德仍然走在战士们中间，大家看见他又有了一根新扁担，感到十分惊奇，崇敬之外更增添了干劲。从此，朱德扁担的故事传开了。井冈山军民为此还专门编了一首歌赞颂朱德："朱德挑谷上坳，粮食绝对可靠。大家齐心协力，粉碎敌人围剿。"①朱德扁担的故事告诉我们，正是因为井冈山斗争时期的政治生态健康洁净、山清水秀，我们党才会锤炼出优良工作作风。

第二，山清水秀的党内政治生态，是全面从严治党的晴雨表。风清气正的政治生态与全面从严治党具有内在统一性，一个单位或地区政治生态的好坏优劣集中反映了其全面从严治党的成效。全面从严治党坚实有力，党的优良传统淳厚生长，党内政治生态自然健康向上；

---

① 《"只见公仆不见官"——朱德同志的公仆意识和为民情怀》，《人民政协报》2022年12月1日第10版。

管党治党宽松软，必然弊病丛生、矛盾迭出，导致政治生态恶化。从近年来查处的案件看，一些地方政治生态恶劣，系统性腐败、串案窝案频现，究其根本是这些地方全面从严治党不力、管党治党宽松软。同时，营造良好政治生态也是坚定不移全面从严治党、深入推进新时代党的建设新的伟大工程的内在要求和重要保障，风清气正的政治生态进一步巩固和彰显了全面从严治党的巨大成效。党的十八大以来，以习近平同志为核心的党中央，以最关乎党的形象、关乎党心民心的党风廉政建设和反腐败斗争为突破口，紧紧抓住政治建设这个关键，管党治党从政治管起、从严治党从政治严起，坚持思想建党和制度治党同向发力，集中教育活动与长效机制建设有机结合，强化执纪监督，把管党治党带入全面从严的新阶段。党内外、国内外都可以看到中国共产党党风的明显好转，特别是刹住了一些过去被认为不可能刹住的歪风，如公款吃喝、奢靡之风等，反腐败斗争取得压倒性胜利并全面巩固。可以说，政治生态建设是全面从严治党的重要保障，而全面从严治党作为新时代党的自我革命的伟大实践，又开辟了百年大党政治生态建设新境界。

第三，山清水秀的党内政治生态，是干部干事创业的重要保障。用一贤人则群贤毕至，见贤思齐就蔚然成风。政治生态好，人心就顺，干劲就足。中国共产党是中国工人阶级的先锋队，同时是中国人民和中华民族的先锋队。我们党不仅有着崇高的革命理想，同时也有着严密的组织体系。党的这个性质和特点，决定其必须要有良好的党内政治生态，用风清气正的政治生态鼓舞人心、激发斗志，激发干部干事创业的积极性和主动性。同时，中国共产党是世界上最大的政党，大就要有大的样子。这"大的样子"，不仅仅指我们党的党员人数多、组织体系超大规模，更为本质的是指我们党要始终保持先进性和纯洁性，坚持以最高标准、最严要求推进自身建设，在推进拓展中国式现代化进程中始终发挥好领导核心作用。这就要求我们必须把坚持正确选人用人导向作为治本之策，进一步彰显选人用人的好风气。选什么人就是风向标，就有什么样的干部作风，就有什么样的党风。只有营造良好的政治生态，注重选拔对党忠诚、为民负责、敢于担当、开拓进取的"闯将"，坚决杜绝溜须拍马、阿谀奉承、任人唯亲，让那些往日爱惜羽毛的"老好人"、推诿扯皮的"圆滑官"、得过且过的"太平官"失去市场，我们的党员干部才能有干事创业的热情，才能让愿担当、敢担当、善担当蔚然成风，为奋进新征程、建功新时代锻造更为坚强的领导力量，凝聚更为广泛的奋斗力量。

百年党史充分证明，什么时候党内政治生活正常健康，党内政治生态风清气正，全党就能团结一致，党的事业就会进展顺利。新征程上，必须坚定不移、锲而不舍把这项党的建设基础性工程抓实抓好，努力营造绝对忠诚、坚定看齐的组织生态，勇于改革、敢闯敢试的创新生态，敢于担当、积极作为的干事生态，五湖四海、任人唯贤的用人生态，纲纪严明、清正廉洁的反腐生态。只要把这样的优良政治生态培育营造起来，严肃认真的党内政治生活开展起来，就一定能够进一步形成干部奋发有为的好状态和干群团结一心的好势态，就一定能够进一步提振干部队伍、提升全党素质、提质改革发展，从根本上推动我国经济社会高质量发展。

二、厚植信仰信念的"防护林"

党内政治生活、政治生态之所以出现这样那样的问题，其背后的原因当然有很多种，但从思想根源看，归根结底在于一些党员、干部理想信念这个"压舱石"发生了动摇。理想信念属于思想意识范畴，而思想意识对一个人的言行又有能动的反作用。人常说，"心动决定行动，思路决定出路"，讲的就是这个道理。如果理想信念的"压舱石"发生了动摇，那党员、干部这艘"船"迟早是要葬身汪洋大海的。在现实生活中，这样的例子不少。

有的人认为马克思主义已经过时、共产主义虚无缥缈，精神空虚，意志薄弱，不信真理信金钱，不信马列信宗教。2022年1月至3月，中央纪委国家监委网站通报的被查官员中，有至少13人参与迷信活动，比如交通银行辽宁省分行原党委委员、副行长于化源，黑龙江省绥化市政协原副主席李英男，青岛市李沧区委原书记、一级巡视员王希静，浙江省委原常委、杭州市委原书记周江勇，广西百色市人大常委会原副主任黄志愿，最高人民法院审判委员会原委员、执行局原局长孟祥。据中央纪委国家监委网站，山西省公路局原技术处处长李忠在被实名举报后，为祈求自己平安，曾找算命先生占卜打卦，并在家中供奉算命先生所写符箓；吉林省长春市中级人民法院原院长张德友在接受组织审查前，先后三次授意妻子带着他本人的"生辰八字"向"大师"求神问卦、占卜吉凶，妄图"驱邪避难"；内蒙古自治区赤峰市原市长徐国元每收到一笔赃款，都要先在佛龛下面放一段时间，祈求平安无事；浙江省金华市政协原党组书记、主席陶诚华请"风水师"为其安排法事，将"五品官帽盒"带回家中摆放，甚至在家中举办"消灾法事"，以求逃避组织查处。一出出封建迷信"闹剧"，可谓荒唐至极。不信马列信鬼神，在于思想"总开关"没有拧紧。党员干部搞封建迷信活动，就是因为理想信念不坚定，容易被迷信心态绑架。

有的领导干部把配偶子女移居国外，自己坐在党和人民的"船"上，却随时准备"跳船"。这些人在大权在握之时，将妻儿全部移民海外，既便于将腐败所得转移出境，又为自己腐败行为一旦暴露留好后路。这些"裸官"的出现，从一个侧面暴露出一些党员干部在理想信念上的动摇和缺失。

习近平总书记强调："理想信念动摇是最危险的动摇，理想信念滑坡是最危险的滑坡。一个政党的衰落，往往从理想信念的丧失或缺失开始。我们党是否坚强有力，既要看全党在理想信念上是否坚定不移，更要看每一位党员在理想信念上是否坚定不移。"[①]中国共产党之所以叫共产党，就是因为从成立之日起党就把共产主义确立为远大理想；中国共产党之所以能够经受一次次挫折而又一次次奋起，归根到底是因为党有远大理想和崇高追求。中国共产党成立百余年来，共产主义远大理想激励了一代又一代共产党人英勇奋斗，成千上万的烈士为了这份理想献出了宝贵生命。李大钊、夏明翰、方志敏、赵一曼、杨靖宇、刘胡兰、江姐等千千万万慷慨赴死的共产党员，都用大义凛然的英雄壮举诠释了共产党人对远大理想的坚贞。邓小平同志说得好："为什么过去我们能在非常困难的情况下奋斗出来，战胜千难万险使革命胜利呢？就是因为我们有理想，有马克思主义信念，有共

---

① 习近平：《在庆祝中国共产党成立95周年大会上的讲话》，《求是》2021年第8期。

产主义信念。"①同时，从历史来看，曾几何时，信仰的力量使苏联共产党在只有20万党员的情况下夺取了政权，在有200万党员的情况下打败了法西斯侵略者，然而，也正是信仰的坍塌，让这个党在有2000万党员时失去了政权。反观现在，我们一些领导干部之所以贪腐变质，根子就在于信仰缺失、精神迷茫，内心没有主宰。为什么有些管灵魂的出卖灵魂，管反腐的带头腐败，管干部的带头卖官鬻爵，讲艰苦奋斗的带头贪图享乐？从根本上说就是这些人理想信念这个"总开关"出了严重问题。现在，社会深刻变革，思想激烈交锋，给共产党人的理想信念带来前所未有的冲击。社会环境越是错综复杂，共产党人越要加强党性修养，坚定心中的信仰，挺起信念的脊梁，永远不要失去共产党人安身立命的根本。

站在新的历史起点上，坚持不懈涵养风清气正的政治生态，必须把坚定理想信念作为固本培元、凝魂聚气的战略性工程来抓，持之以恒地厚植信仰信念"防护林"，炼就"金刚不坏之身"。

首先，要强化理论教育。共产党人的理想信念不是与生俱来的，是建立在马克思主义科学真理的基础之上。要炼就"金刚不坏之身"，必须用科学理论武装头脑，不断培植我们的精神家园。正因为如此，必须结合社会发展实际，结合党员干部需求，不断推进马克思主义中国化时代化。要教育引导广大党员干部将学习马克思主义基本原理作为看家本领，将学习贯彻习近平新时代中国特色社会主义思想作为重中之重，自觉运用马克思主义立场观点方法，客观看待社会主义发展的长期性和艰巨性，全面分析当前存在的种种问题，自觉抵制错误言论，时刻保持政治上的清醒。要强化党的创新理论武装，增强对科学

①《邓小平文选》（第三卷），人民出版社1993年版，第110页。

理论体系的理性认同，保持对历史规律的正确认识，增强对中国特色社会主义的"四个自信"。

其次，要注重理论联系实际。马克思说："全部社会生活在本质上是实践的。"①一切理论知识最终要回到实践中并指导实践。我们党把马克思主义基本原理同中国革命和建设的具体实践结合，同改革开放的实际结合，同新时代的中国实际结合，迎来了从站起来到富起来再到强起来的伟大飞跃。习近平总书记指出："衡量一名共产党员、一名领导干部是否具有共产主义远大理想，是有客观标准的，那就要看他能否坚持全心全意为人民服务的根本宗旨，能否吃苦在前、享受在后，能否勤奋工作、廉洁奉公，能否为理想而奋不顾身去拼搏、去奋斗、去献出自己的全部精力乃至生命。"②习近平总书记这一重要论述为每一名党员干部提供了根本遵循和行为准则。广大党员干部要在实践中坚定理想信念，将理论与工作实际相结合，带着思考去工作，带着问题去实践，结合自身工作实际，将科学理论转化为指导工作的强大物质力量，这样才能提高党员干部理想信念教育的实效性。要善于用党的百年光辉历程和辉煌成就等铁一般的事实回答长期困扰人们的理论和实践问题，使党员干部能辩证地看待社会中的一些消极现象，更加坚定坚持走中国特色社会主义道路的信心和决心。

再次，要优化制度机制。党员干部理想信念能否长期坚定，一定需要科学有效的制度机制作为保障。要不断健全学习教育和培训机制，为党员干部参加各类培训，定期培训、分级分层培训创造条件、搭建平台。采用"线上＋线下""课堂＋实地考察"等多样化培训方

---

① 《马克思恩格斯选集》（第一卷），人民出版社1995年版，第56页。
② 习近平：《关于坚持和发展中国特色社会主义的几个问题》，《求是》2019年第7期。

法，利用各方面的资源，增强培训的实效性。健全监督评价机制，落实党章党规、党内政治生活若干准则等规定，加强党内监督，利用群众、媒体、网络等监督方式，丰富监督方法，构建党员干部日常监督和评价的"立体网络"。健全考核奖惩机制，密切关注党员干部的思想动态，定期听取其思想汇报。对优秀模范党员干部要加大奖励力度，树立先进典型；对那些信念不坚定，服务意识、奉献精神缺乏的党员干部要严厉处罚，营造良好工作氛围。

最后，要优化和创新教育内容与方式。要想党员干部的理想信念教育取得实实在在的效果，就必须牢牢立足于新时代新征程新使命，不断创新教育方式方法，优化教育内容，拓宽教育路径。要善于把传统教学方式与新兴媒体相结合，开展理想信念教育，拓展学员的学习空间。同时要深入挖掘、充分利用本地区的红色资源，把课堂延伸到这些红色资源基地，去现场感受革命先烈们为党和人民舍生忘死的崇高精神。实践证明，这一教学方式的运用，可以大幅增强理想信念教育的直观感受，并引发党员干部的思考。教育内容既要着眼于广大党员干部全面发展的价值诉求和思想特点，以问题为中心，又要紧紧围绕社会经济、政治、文化等方面发展面临的问题，不断深化对习近平新时代中国特色社会主义思想的学习和认识，真正做到学懂弄通做实。

综上所述，只有毫不动摇地把党的政治建设摆在首位，坚持不懈加强党的创新理论武装，引导党员干部坚定中国特色社会主义道路自信、理论自信、制度自信、文化自信，增强党的意识、党员意识、宗旨意识，正确处理是和非、公和私、得和失的关系，扬正气、激浊气，才能使党内政治生态逐步得到净化。

三、严明政治纪律和政治规矩

党的政治建设与党内政治生态建设具有密切的内在关联，二者不是彼此孤立、线性发展的关系，而是一种相互依存、共同发展的辩证关系。一方面，党的政治建设优良会促使党内政治生活进一步规范化和制度化，有利于形成施治有体、严明有序的政治纪律、政治规矩，从而为构建风清气正的党内政治生态提供持续运转的政治驱动力。另一方面，如果党的政治建设比较虚化和薄弱，就会导致党内政治生态系统处于一种紊乱状态，进而不利于党内政治生态建设朝着健康化、制度化方向发展。

正因为如此，中共中央印发的《关于加强党的政治建设的意见》对如何加强党的政治建设提出了明确要求，也指明了前进方向。该意见指出："加强党的政治建设，必须把营造风清气正的政治生态作为基础性、经常性工作，浚其源、涵其林，养正气、固根本，锲而不舍、久久为功，实现正气充盈、政治清明。"①那么，如何营造风清气正的政治生态呢？严守政治纪律和政治规矩，是确保政治生态风清气正的底线和红线。只有把这个底线和红线守住了、守牢了，才可能有风清气正的政治生态。这意味着，广大党员干部必须深刻把握严明党的政治纪律和政治规矩的重要意义，充分发挥模范带头作用，把旗帜鲜明讲政治落实到党的领导、党的建设和改革发展稳定各项工作中，着力推动全面从严治党向纵深发展。

我们党从成立之日起就十分重视政治纪律，因为这是党团结统

---

① 《中共中央关于加强党的政治建设的意见》，中国政府网，2019 年 2 月 27 日。https://www.gov.cn/zhengce/2019-02/27/content_5369070.htm?trs=1.

一的重要保证，也是提高党的创造力、凝聚力、战斗力的重要保证。1927年党的五大通过的《组织问题议决案》第一次明确提出"政治纪律"这一概念。此后，在长期斗争实践中，我们党形成了包括政治纪律、组织纪律、廉洁纪律、群众纪律、工作纪律和生活纪律等各方面的纪律，形成了包括党章党规、优良传统和工作惯例在内的党的规矩。

党的十八大以来，习近平总书记在强调政治纪律的同时，也多次强调政治规矩，要求党员干部不仅应该遵守成文的政治纪律，而且要遵守我们党在长期实践中形成的，经过实践检验，约定俗成、行之有效的不成文的政治规矩，这体现了全面从严治党的高标准、严要求。进入新时代，以习近平同志为核心的党中央坚持把纪律和规矩挺在前面，推动全党尊崇维护党章、学习贯彻党章，严明政治纪律和政治规矩，引导党员干部牢记"五个必须"，防止"七个有之"。坚持高标准和守底线相结合，修订廉洁自律准则、党纪处分条例，探索实践监督执纪"四种形态"。坚持以零容忍态度惩治腐败，发挥巡视利剑作用，严厉查处违纪违法案件，清除各种政治"污染源"。通过严肃党纪，广大党员干部受到警醒、警示、警戒，遵规守纪意识明显增强。

与此同时，也要清醒看到，现实生活中，不严格遵守政治纪律、政治规矩的例子也有不少。一些干部出问题，往往是从不守纪律、破坏规矩开始的；一些地方政治生态出问题，也往往是纲纪不彰、法度松弛导致的。习近平总书记在党的二十大报告中指出："十年前，我们面对的形势是，改革开放和社会主义现代化建设取得巨大成就，党的建设新的伟大工程取得显著成效，为我们继续前进奠定了坚实基础、创造了良好条件、提供了重要保障，同时一系列长期积累及新出现的突出矛盾和问题亟待解决。党内存在不少对坚持党的领导认识模糊、行动乏力问题，存在不少落实党的领导弱化、虚化、淡化问题，有些党员、干部政治信仰发生动摇，一些地方和部门形式主义、官僚主义、享乐主义和奢靡之风屡禁不止，特权思想和特权现象较为严重，一些贪腐问题触目惊心……。当时，党内和社会上不少人对党和国家前途忧心忡忡。"①这些年，为什么党内政治生活仍然会出现一些不健康状况？为什么党内政治生态会受到一定程度的污染？关键是一些党员干部视党的政治纪律和政治规矩为"纸老虎""稻草人"，有的甚至到了我行我素、胆大妄为的地步。特别是极个别人不仅经济贪腐，而且政治野心膨胀，无视党纪国法，拉山头、搞宗派，严重破坏党的团结和集中统一，影响极为恶劣。我们可以看下面几个例子。

第一个案例：孙政才严重违反政治纪律、政治规矩。2016年1月，习近平总书记开年首次调研去了重庆。针对扶贫工作，他指出，脱贫摘帽要坚持成熟一个摘一个，既防止不思进取、等靠要，又防止揠苗助长、图虚名。然而，在脱贫攻坚问题上，孙政才为了个人的政绩，没有贯彻党中央的要求和习近平总书记视察重庆时对扶贫工作的重要指示精神，盲目赶进度，确立了"脱贫攻坚赶前不赶后，将减贫销号任务重点安排在2016年度"的工作目标，导致重庆各区县急于求成、揠苗助长，形式主义、官僚主义问题突出。此外，孙政才主导制定"五大功能区域发展战略"，把本来对区域的划分定位盲目拔高成重庆最重要的战略，并将功能区域绝对化，导致相关区县对新发展理念没有一体坚持、一体贯彻，甚至片面地把"两地"理解为仅是"内陆开放高地"，把习近平总书记关于将重庆早日建成"山清水秀美丽之

① 习近平：《高举中国特色社会主义伟大旗帜 为全面建设社会主义现代化国家而团结奋斗——在中国共产党第二十次全国代表大会上的报告（2022 年 10 月 16 日）》，《人民日报》2022 年 10 月 26 日，第 1 版。

地"的殷殷嘱托置于脑后。这一案例警示我们，"两个维护"是党的十八大以来全党在革命性锻造中形成的共同意志，是必须始终坚守的最高政治原则和根本政治规矩。对于习近平总书记重要指示精神和党中央重大决策部署，必须表里如一、言行一致，不折不扣落到实处，决不能消极应付，甚至是执意推行一己主张，致使党中央决策部署在贯彻执行过程中变形走样。

第二个案例：辽宁贿选案。2016年9月13日，临时召开的十二届全国人大常委会第二十三次会议，让辽宁贿选案正式进入公众视线。会议表决通过了全国人大常委会代表资格审查委员会关于辽宁省人大选举产生的部分十二届全国人大代表当选无效的报告，确定45名全国人大代表当选无效。会议表决通过了全国人大常委会关于成立辽宁省十二届人大七次会议筹备组的决定，决定成立筹备组，负责筹备辽宁省十二届人大七次会议的相关事宜。辽宁贿选案是中华人民共和国成立以来查处的第一起发生在省级层面严重违反党纪国法、严重违反政治纪律和政治规矩、严重违反组织纪律和换届纪律、严重破坏党内选举制度和人大选举制度的重大案件。523名省人大代表涉及此案。辽宁省委原书记王珉、辽宁省委政法委原书记苏宏章、辽宁省人大常委会原副主任王阳、辽宁省人大常委会原副主任郑玉焯等4名省部级官员，都在审查通报中被点名与贿选案有关。这个案件警示我们，必须把正确用人导向鲜明地亮出来、立起来、严起来，坚持从严选拔和管理监督干部，以铁的纪律抵御和铲除滋生"圈子文化"及拉帮结派问题的土壤和环境。

第三个案例：周本顺、余远辉妄议中央案。2015年10月16日，河北省委原书记、省人大常委会原主任周本顺的"双开"通报，用了"在重大问题上发表违背中央精神的言论"这一表述。据中央电视台新闻报道，对中央严抓八项规定，周本顺在内心深处其实并不接受，以至于在公开场合多次表达不满。

以上案例，都是违反政治纪律、政治规矩的典型代表。我们必须深刻认识到，保证全党服从党中央，维护党中央权威和集中统一领导，是加强党的政治建设的首要任务，是各级党组织和党员必须遵守的最根本的政治纪律和政治规矩。要把严守政治纪律、严明政治规矩放到更加突出的位置来抓，毫不动摇贯彻落实习近平总书记提出的遵守政治纪律和政治规矩的"五个必须"，旗帜鲜明反对和纠正"七个有之"，持续加大对违反党的纪律和规矩行为的惩戒力度，让纪律"高压线"通上"高压电"，把规矩的紧箍扎得更紧，让纪律观念和规矩意识在广大党员干部心中牢牢扎根，确保各级党组织和广大党员干部始终同以习近平同志为核心的党中央保持高度一致，确保全党统一意志、统一行动、步调一致向前进。重点是要把握以下几个方面：

其一，要坚持党性至上。要站在讲政治、顾大局、守纪律的高度，切实增强党员意识和党性意识。要坚定政治立场，坚守共产党员的理想信念，坚决贯彻执行党的路线、方针、政策，确保政令畅通、令行禁止。要正确处理好个人与组织、个人与工作、个人与同事之间的关系，彻底摒弃山头主义、"圈子文化"。牢记自己的第一身份是共产党员，不随波逐流，不信口开河，永远与党同心同德。

其二，要切实履行遵守政治纪律和政治规矩的义务。党员是有着特殊政治职责的公民。党组织不是私人俱乐部，不是来去自由的"自留地"，遵守政治纪律和政治规矩是最基本的义务。党员干部要健康成长，必须守住底线，做到懂规矩、守纪律。严明政治纪律和政治规矩，最根本、最重要的就是要认真学习领会习近平总书记关于政治纪律和政治规矩的重要论述，不断增强政治纪律和政治规矩意识，紧密团结在党中央周围，坚决贯彻执行党中央决策部署，自觉维护党中央权威，真正把严明政治纪律、严守政治规矩作为每名党员的自觉行动。

其三，要对党忠诚老实。对党忠诚老实就是要忠于党、忠于国家、忠于人民，对党表里如一、言行一致，这是党员干部的基本政治操守。在工作和生活中出现问题、发生错误，必须如实向组织汇报。党员干部坚持对党忠诚，就必须首先做到对党诚实，说老实话、做老实事、当老实人，不欺骗组织，站稳政治立场，与党中央同频共振，不折不扣做到政治上坚定、思想上同心、行动上同向。

其四，要及时纠正违反政治纪律和政治规矩的行为。对违反政治纪律政治规矩的人和事，要早发现、早指出、早提醒、早纠正，对造成危害的要敢于斗争，敢于严肃追责问责。特别是在民主生活会中，要敢于坚持原则、敢于追根问底、敢于动真碰硬，坚决不搞一团和气、相互吹捧，不搞"好人主义"。要做严守政治纪律和政治规矩的清醒人、明白人，对上级领导不正确的打招呼、谋私利的违法乱纪行为，必须坚决抵制。

其五，扛起严明政治纪律和政治规矩的主体责任、监督责任。作为主要负责人，要带头严守政治纪律和政治规矩，敢抓敢管，敢匡正，管好队伍、带好班子，树立严明政治纪律和政治规矩的用人导向。各级纪委担负监督执纪之责，按照"五个必须"和"五个决不允许"的要求，把严明政治纪律和政治规矩落到实处。

四、端正用人导向是治本之策

习近平总书记在党的十八届六中全会第二次全体会议上指出，要大力整治选人用人上的不正之风，使用人风气更加清朗，坚决纠正"劣币驱逐良币"的逆淘汰现象，以用人环境的风清气正促进政治生态的山清水秀。[①]这一重要论述，深刻揭示了用人导向与政治生态之间的内在关系。必须看到，事业是需要人来干的，选拔使用什么样的干部人才，实际上也是在一定范围内释放明确信号。选人用人是风向标，直接影响着政治生态走向。用人上的不正之风和腐败现象对政治生态危害最大，而端正用人导向是净化党内生态的治本之策。风清气正、选贤任能，是党内政治生态良好的一个显著标志。反过来，党内政治生态健康、政治生活健全，才有利于那些德才兼备的干部脱颖而出。如果出现"劣币驱逐良币"的逆淘汰，就一定会对政治生态造成极大破坏。

在现实生活中，一些地方和部门用人腐败和不正之风问题比较突出，违规用人问题比较普遍。有的凭关系选人用人，拿官职做交易，明目张胆买官卖官；有的以人画线、以地域画线、以单位画线，培植亲信、排斥异己，拉帮结派、收买人心，搞小山头、小圈子、小团伙，导致有的干部搞人身依附、寻找政治靠山，跟个人不跟组织，提拔后只感谢个人不感谢组织。比如，山西省原省委常委、省委秘书长聂春玉于2003年至2011年间在吕梁市先后担任市长、市委书记。任

---

① 参见《习近平：在党的十八届六中全会第二次全体会议上的讲话（节选）》，共产党员网，2016 年 12 月 31 日。https://news.12371.cn/2016/12/31/ARTI1483185417638284.shtml?eqid=a617dfca0010dd6d000000036492eaa1.

职期间，大肆卖官鬻爵，经纪委调查认定有30个人给他行贿，这30个行贿人中有29个人是党员干部。这些党员干部给聂春玉行贿的同时，也在收受其下属党员干部的贿赂。聂春玉非但自己跑官、买官、卖官，而且带头把整个班子、整个队伍带坏了。党的十八大以来，吕梁市共有5名地厅级干部、83名县处级干部因为违纪问题受到党纪政纪处分，其中17人被移送司法机关，依法处理。实践一再证明，选人用人上的腐败如同慢性毒药，对政治生态的破坏具有系统性和长期性，危害甚烈。

端正用人导向是涵养良好政治生态的治本之策和组织保证。新征程上，我们必须始终坚持正确的选人用人导向，努力营造风清气正的选人用人环境，在实际工作中重点从以下方面用力。

一是坚持公道正派。公道正派是各级领导干部和组织人事部门必须坚持的核心原则。习近平总书记指出，"组织部门改进作风，最核心的是坚持公道正派"，"如果公道正派上出了问题，再好的制度也难以落实，再好的干部也可能选不出来"。①在选人用人工作中要敢于坚持原则，秉持只问是非、不计得失的气节，公道对待干部，公平评价干部，公正使用干部，不为歪风邪气所扰，不为个人得失所困，特别是要敢于为好干部说话，旗帜鲜明为敢于担当、踏实做事、不谋私利的干部撑腰鼓劲，为担当者担当，为尽责者担责，让好干部有全身谋事之心而无侧身谋人之虑，让奋发有为、实绩突出的好干部得褒奖、受重用，让阳奉阴违、不干实事的干部没市场、受惩戒，真正在干部队伍中形成敢担当、敢负责、敢作为的良好氛围。

二是坚持好干部标准。坚持好干部标准是端正用人导向的基本前

---

① 《十八大以来重要文献选编（上）》，中央文献出版社2014年版，第354页。

提。在选人用人工作中，必须严格执行习近平总书记提出的"信念坚定、为民服务、勤政务实、敢于担当、清正廉洁"的好干部标准，坚持德才兼备、以德为先，严把政治关、品行关、能力关、作风关、廉洁关。党的十八大以来，党中央修订颁布干部任用条例，采取有力措施防止干部"带病提拔"，大力推进干部能上能下，全面从严管理监督干部，效果明显。要建立健全科学有效的育人选人用人制度体系，紧密结合工作实际，坚持问题导向，加快形成系统完备、科学规范、有效管用、简便易行的制度机制，努力做到选贤任能、用当其时，知人善任、人尽其才，真正将那些忠诚干净担当、为民务实清廉的好干部尽快培养起来、及时发现出来、合理使用起来，真正实现能者上、庸者下、劣者汰，形成良好的用人导向和制度环境，使选出来的干部组织放心、群众满意、干部服气。

三是坚持事业为上。以事择人、事业为上，是选好人用准人的根本出发点。要始终抱着对党和人民事业高度负责的精神，坚持党的原则第一、党的事业第一、人民利益第一，以更宽的视野、更高的境界、更大的气魄，不拘一格选贤任能。习近平总书记指出："用人得当，就要科学合理地使用干部，也就是说要用当其时、用其所长。"[①]为官择人者治，为人择官者乱，用什么人、用在什么岗位上，一定要从工作需要出发，不能简单地把职位作为奖励干部的手段，一味讲究论资排辈、平衡照顾，更不能以偏概全、求全责备。要大力选用把党的事业放在首位、富有全局观念、秉公用权的干部，坚决排除那些只顾自己"一亩三分地"而不顾大局的干部。要把事业需要与调动干部积极性和创造性、促进干部全面进步有机结合起来，真正做到以事择

---

① 《十八大以来重要文献选编（上）》，中央文献出版社 2014 年版，第 344 页。

人、依岗选人、人岗相适、才尽其用，使事业在优秀干部推动下兴旺发达，让干部在推动事业发展中健康成长。

四是坚持从严管理监督干部。党的干部必须接受严格的纪律约束。习近平总书记指出："党要管党，首先是管好干部；从严治党，关键是从严治吏。"①要聚焦"关键少数"，坚持抓早抓小，着力解决干部监督"失之于宽、失之于软"的问题，防止干部成长"黄金期"变成"危险期"。要把从严管理干部贯穿干部队伍建设全过程，坚持真管真严、敢管敢严、长管长严，以严的标准要求干部，以严的措施管理干部，以严的纪律约束干部，不断增强严以修身、严以用权、严以律己意识，使干部心有所畏、言有所戒、行有所止。同时，注意处理好选拔与管理、约束与激励、惩前与毖后的关系，把组织管理与自我管理结合起来，把日常管理与关键时刻管理贯通起来，把行为管理与思想管理统一起来，通过加强管理，严格监督，努力培养造就具有铁一般信仰、铁一般信念、铁一般纪律、铁一般担当的干部队伍。

五是坚持把严格管理和关心干部结合起来。广大干部是党的宝贵财富，必须将监督管理与关心关爱有机结合，不可偏废。要经常深入干部中间，对干部近距离接触，开展同志式的谈心谈话，既指出缺点不足，又给予鞭策鼓励。坚决防止和克服不考察就不谈话、不暴露出问题就不重视、干部不上门就不约谈的错误做法。既要求广大干部自觉履行组织赋予的各项职责，严格按照党的原则、纪律、规矩办事，不滥用权力、违纪违法，又对干部政治上激励、工作上支持、待遇上保障、心理上关怀，让广大干部安心、安身、安业，营造让广大干部

---

① 《十八大以来重要文献选编（上）》，中央文献出版社 2014 年版，第 350 页。

心情舒畅、充满信心、干事创业、大胆作为的良好氛围。要明确相关政策界限，抓紧建立和完善容错纠错机制。把干部在推进改革中因缺乏经验、先行先试出现的失误和错误，同明知故犯的违纪违法行为区分开来；把上级尚无明确限制的探索性试验中的失误和错误，同上级明令禁止后依然我行我素的违纪行为区分开来；把为推动发展的无意过失，同为谋取私利的违纪违法行为区分开来。保护那些作风正派又敢作敢为、锐意进取的干部，最大限度调动广大干部的积极性、主动性和创造性。

六是扛起主体责任。邓小平同志说："一个革命政党，就怕听不到人民的声音，最可怕的是鸦雀无声。"[①]各级党组织要履行好管干部用干部的主体责任，严格执行民主集中制，决不允许搞"一言堂"，决不允许少数人说了算。一个单位的"一把手"搞独断专行，班子其他成员往往就"装聋作哑"，下属只能是"绝对服从"，这样的结果只能是"源浑而流浊"。要大力整治跑官要官、买官卖官、拉票贿选、说情打招呼等不正之风，对违反组织人事纪律的实行"零容忍"。坚决不让投机钻营者得利、不让买官卖官者得逞、不让脚踏实地的好干部吃亏。真正让那些忠诚、干净、担当的好干部得到褒奖和重用，让那些唱对台戏、身在曹营心在汉、阳奉阴违、阿谀奉迎、弄虚作假、不干实事、会跑会要的干部没市场、受惩戒，以用人环境的风清气正促进政治生态的山清水秀。

[①]《邓小平文选》（第二卷），人民出版社1994年版，第144—145页。

五、用好批评和自我批评武器

我们党之所以能够遇挫弥坚、发展壮大，一个重要原因就是党勇于、善于批评和自我批评，这是党的三大优良作风之一。党的十八届六中全会通过的《关于新形势下党内政治生活的若干准则》指出："批评和自我批评是我们党强身治病、保持肌体健康的锐利武器，也是加强和规范党内政治生活的重要手段。必须坚持不懈把批评和自我批评这个武器用好。"[1]这是科学总结我们党党内政治生活实践正反两方面经验得出的科学结论，也道出了马克思主义政党的一个鲜明特质。习近平总书记指出："批评和自我批评是解决党内矛盾的有力武器，也是保持党的肌体健康的有力武器。'观于明镜，则瑕疵不滞于躯；听于直言，则过行不累乎身。'党内政治生活质量在相当程度上取决于这个武器用得怎么样。"[2]要深刻学习领会习近平总书记关于用好批评和自我批评这个武器重要论述精神，结合实际把《关于新形势下党内政治生活的若干准则》要求贯彻落实到位，提升党内政治生活质量，营造良好政治生态。

所谓批评和自我批评，简单说，就是党员对党员和党组织的错误缺点及时指出、深入剖析，在原则问题上进行积极而健康的思想斗争。习近平总书记强调："批评和自我批评是清除党内政治灰尘和政治微生物的有力武器，必须以整风精神严格党内生活，着力提高领导班子发现和解决自身问题的能力。"[3]这一重要论述，深刻揭示了批评

---

① 《中国共产党党内法规汇编》，法律出版社 2021 年版，第 247 页。
② 《十八大以来重要文献选编（中）》，中央文献出版社 2016 年版，第 96—97 页。
③ 《扎实开展第二批教育实践活动 努力取得人民群众满意的实效》，《人民日报》2014年 1 月 21 日，第 1 版。

和自我批评的特殊重要性。

从党的百余年奋斗史看，我们党本身就是在批评和自我批评中才得以发展壮大的。我们党从诞生之日起，就自觉地开展批评和自我批评，尤其是在一些重大历史关头，能够拿起这一锐利武器，消除各种错误思想的影响，确保正确前进方向，从而汇集起强大的奋进力量。比如，在长征路上，我们党通过召开遵义会议，进行了严肃的思想斗争，彻底扭转了王明、李德等代表的"左"的错误，从而在危急关头挽救了党，挽救了红军，挽救了中国革命；延安整风运动期间，我们党通过严肃的批评和自我批评，消除了主观主义、宗派主义、党八股等不良作风的影响。党的七大明确把批评和自我批评确立为党内生活的基本方法之一，确立为党员干部必须遵循的行为准则之一。实践表明，我们党什么时候批评和自我批评作风弘扬得好，党内就风清气正，党的创造力凝聚力战斗力就强，党的事业就蓬勃发展。

批评和自我批评有利于清除党内政治灰尘和政治微生物。"人非圣贤，孰能无过。"实际工作中，当倾向性、苗头性问题萌芽时，身边的同志、所在的组织能"扯扯衣袖""咬咬耳朵"提个醒，那么，这些问题很可能就会消除于萌芽状态；当问题变得严重时，有人对你大喝一声、猛击一掌，就会收到悬崖勒马的效果。小问题不提醒，大问题没批评，小病就会演变成大病，大病就会发展成绝症。

批评和自我批评有利于解决党内矛盾、增进党内团结统一。团结是全党的大事。我们党认真贯彻执行民主集中制，用好批评和自我批评武器，严格党内生活，一个重要目的就是要增强班子团结。如果能够认真开展批评和自我批评，让不同意见相互碰撞、交锋，那么就很可能从根本原则上分清是非、在思想深处达成共识。如果表面不批评而在背后乱嘀咕，那么，矛盾非但难以解决，还有可能会累积激化，进而消解奋进的锐气与创新的勇气。

正如武器不用就会生锈一样，如果党内缺乏积极的思想斗争，那么党的活力就会消失。对这个问题，习近平总书记看得十分清楚。他指出："现在，批评和自我批评这个'利器'在很多地方变成了'钝器'，锈迹斑斑，对问题触及不到、触及不深，就像鸡毛掸子打屁股不痛不痒，有的甚至把自我批评变成了自我表扬，相互批评变成了相互吹捧。"①因此，必须恢复批评和自我批评的"利器"本色。习近平总书记强调："要严格落实党内组织生活制度。革命战争年代以至上世纪五六十年代，这些制度执行起来是很严格的。像党小组生活会，从一般党员到党的领袖都参加，开展批评和自我批评，指名道姓讲问题、提意见、论危害。当前，党内积极的思想斗争讲得少了，批评和自我批评难以开展起来，民主生活会很多成了评功摆好会。"②他指出："对批评和自我批评这个武器，我们要大胆使用、经常使用、用够用好，使之成为一种习惯、一种自觉、一种责任，使这个武器越用越灵、越用越有效果。党内要开展积极健康的思想斗争，帮助广大党员、干部分清是非、辨别真假，坚持真理、修正错误，统一意志、增进团结。"③

批评和自我批评，不是拍桌子、吹胡子瞪眼，而是善于摆问题、开处方、求团结。《关于新形势下党内政治生活的若干准则》明确要求："批评和自我批评必须坚持实事求是，讲党性不讲私情、讲真理不讲面子，坚持'团结——批评——团结'，按照'照镜子、正衣冠、洗洗澡、治治病'的要求，严肃认真提意见，满腔热情帮同志，决不

---

① 《十八大以来重要文献选编（上）》，中央文献出版社 2014 年版，第 316 页。
② 《十八大以来重要文献选编（上）》，中央文献出版社 2014 年版，第 353 页。
③ 《十八大以来重要文献选编（中）》，中央文献出版社 2016 年版，第 97 页。

能把自我批评变成自我表扬、把相互批评变成相互吹捧。"①

确保批评和自我批评的质量，核心是两条：一是勇气，二是党性。前者是前提，后者是保证。习近平总书记也指出："这些年来，在不少党组织和党员干部中，开展自我批评难，开展相互批评更难。之所以如此，原因固然很多，但党性原则不强，为私心所扰、为人情所困、为关系所累、为利益所惑是主要原因。"②这一重要论述强调的就是勇气和党性的重要性。

开展批评和自我批评，浮皮潦草、蜻蜓点水是不行的，必须动真碰硬、触及灵魂。那么，新时代新征程，究竟如何在准确把握批评和自我批评的精神实质的基础上，经常、广泛、认真地开展批评和自我批评？

首先，提升党员的个体素质，激发党员的责任心和使命感。从一个侧面看，批评和自我批评，实际上是一种相互监督与自我监督，它的目的是对那些有问题的行为进行提醒或纠正。这是保证党组织健康发展的重要条件。而在现实工作中，在党内批评和自我批评的具体实践中，一些党员对问题避重就轻、轻描淡写，文过饰非、遮遮掩掩，很难达到红红脸、出出汗的效果。批评和自我批评开展不好，归根到底是因为党性原则不强、私心杂念作怪，同时也是缺乏责任心和使命感的表现。不管我们党所处的历史方位发生什么样的变化，不管我们面临的环境发生什么样的改变，作为共产党员，坚持真理、修正错误的科学态度不能变，自我净化、自我完善、自我革新、自我提高的决心和勇气不能丢，必须经常地、自觉地拿起批评和自我批评这个利

---

① 《中国共产党党内法规汇编》，法律出版社 2021 年版，第 247 页。
② 习近平：《论党的自我革命》，党建读物出版社 2023 年版，第 72 页。

器，不断提高自我纠错的政治觉悟，做到从原则上分清是非、从思想深处凝聚共识。

其次，营造良好的组织氛围，缩短组织成员间的距离。批评和自我批评是要在党组织之中开展的，因此，党组织的氛围怎么样，会对批评和自我批评的效果产生直接影响。从应然的角度看，一个健康的党组织应该呈现出一种和谐共处、良性活动的工作氛围。身处这样的组织之中，成员个体既能体会到自由，又不失约束，既可以有争论与交锋，又不失关心与帮助，人人心情舒畅，个个斗志昂扬。因此，营造这样一个健康的组织，组织成员之间可以进行无障碍交流，这一点至关重要。要发挥好党组织书记的引领带动作用。要提高党组织书记的沟通交流能力，把交流当作工作常态，通过交流解决问题。要积极鼓励组织成员之间的相互交流，为党组织成员深入交流创造良好条件，更好地推动批评和自我批评的开展。

再次，强化加强日常监督，健全制度规范。通过加强对各级党组织开展批评和自我批评情况的监督，可以形成一种外在压力，有效提升批评和自我批评的质量。为此，日常监督工作要抓牢两个支点：一是批评和自我批评中所提出问题的质量。所提出问题的质量，在很大程度上会决定批评和自我批评的质量。其前提是面对问题时要保持一种正确的态度，坚持只对问题不对人，这既是对当事人负责，更是对党的事业负责。二是对所提问题的解决情况进行跟踪监督，推动问题彻底解决。既要提出问题，又要设法找到解决问题的方法。有的问题反复提出，但总也得不到解决，就需要加强跟踪监督，拿出可操作、可监督的整改措施。要不断健全推进批评和自我批评常态化的制度体系，实现批评和自我批评的常态化、长效化。

最后，发挥领导干部表率作用。要牢牢抓住领导干部这个"关键少数"，从而更好地开展批评和自我批评。实践证明，领导干部如果能带头虚怀若谷、从谏如流，那么广大党员干部就有可能打消批评上级怕穿小鞋等思想顾虑。所以，领导干部一定要带好头、做表率。此外，各级党员领导干部还需要坚持以下看上，善于从别人提出的问题中反思自身工作和领导责任，这样才能抓住根本、整改彻底。

综上所论，正确开展批评和自我批评是加强党内政治生活的重要保障。只要坚持不懈把批评和自我批评这个武器用好，我们党的党内政治生活质量就能够不断提高，风清气正的党内政治生态就一定能够形成和保持。

六、既要抓好"关键少数"，又要管好绝大多数

2018年1月，习近平总书记在十九届中央纪委二次全会上总结了管党治党的"八条经验"，坚持抓"关键少数"和管"绝大多数"相统一是其中一条十分重要的经验。这条经验，既看见了"树木"，抓住了重头，又看见了"森林"，管住了大头，必须长期坚持、不断深化。习近平总书记指出，坚持抓"关键少数"和管"绝大多数"相统一，既对广大党员提出普遍性要求，又对"关键少数"特别是高级干部提出更高更严的标准，进行更严的管理和监督。应该说，习近平总书记这一重要论述，不仅适用于宏观层面的管党治党，而且适用于中观层面的构建良好政治生态。换句话说，新形势下，构建良好政治生态，就必须把抓"关键少数"和管"绝大多数"统一起来、结合起来。我们可从以下三个方面理解。

第一个方面，抓好"关键少数"。领导干部是党员干部中的"关

键少数"。习近平总书记指出,"领导干部是党和国家事业发展的'关键少数',对全党全社会都具有风向标作用。'君子之德风,小人之德草,草上之风必偃。'在上面要求人、在后面推动人,都不如在前面带动人管用"①。构建良好政治生态,关键在于党的各级领导干部。从打破所谓"刑不上大夫"到抓住"第一责任人",从"打铁还需自身硬"到"打铁必须自身硬","自上而下抓,以上带下严",是党的十八大以来全面从严治党的一大鲜明特点。正是因为从"关键少数"抓起,才不断使管党治党"失之于宽、失之于松、失之于软"的问题得到有效解决。

为什么要抓"关键少数"? 一是"关键少数"在党和国家大局中地位重要、作用特殊。党的十八大以来,至2023年10月,全国纪检监察机关共立案464.8万余件,其中立案审查调查中管干部553人,处分厅局级干部2.5万多人、县处级干部18.2万多人。上述553名中管干部当中,含十八届中央委员、中央候补委员49人,十八届中央纪委委员12人,十九届中央委员、中央候补委员12人,十九届中央纪委委员6人。②特别是坚决铲除政治腐败和经济腐败相互交织的利益集团,严肃查处周永康、薄熙来、徐才厚、郭伯雄、令计划等严重违纪违法案件,彰显了党中央全面从严管党治党的坚强决心。二是"关键少数"具有示范带动作用。《论语》有言:"子帅以正,孰敢不正?"管住"关键少数",特别是高级干部和各级主要领导干部,全面从严治党才有震慑力和说服力。特别是对于各级"一把手"

---

① 《习近平著作选读》(第二卷),人民出版社2023年版,第340页。

② 参见《党的二十大新闻中心第二场记者招待会(文字实录)》,学习强国,2023年10月17日。https://www.xuexi.cn/lgpage/detail/index.html?id=10771512208768662099&item_id=10771512208768662099.

来说，他们更是"关键少数"当中的关键。党的十八大以来，党中央坚定不移反对和惩治腐败，坚持"苍蝇""老虎"一起打，成效显著，深得党心民心。因此，必须抓住"关键少数"，特别是加强对各级"一把手"的监督。

　　那么，如何抓好"关键少数"？主要有三条：第一，严肃党内政治生活。领导干部是党内政治生活的风向标。构建良好政治生态一定要从领导干部的党内政治生活严起抓起。对于领导干部来说，必须要对自己"高看一眼"，充分认识自身表现对政治生态建设的重大影响，不断增强责任意识、政治意识、组织意识以及身份意识，带头落实双重组织生活会制度，认真开展批评与自我批评，带头落实"三会一课"要求，按规定自觉交纳党费和主动报告个人有关事项，当好"头雁"、做好表率，必须以更高更严的标准要求自己，学习领会在前，真抓实干在前，忠诚干净担当在前。第二，狠抓责任落实。紧紧扭住党员领导干部这个关键，把各级领导班子责任落实到位，把党委（党组）书记第一责任落实到位，把班子成员的"一岗双责"落实到位。要落实全面从严治党总体要求，做政治上的明白人，有过硬的政治能力，能守住底线，敢于担当，清白做人、干净做事，经得起党和人民的考验，自觉在思想上政治上行动上同以习近平同志为核心的党中央保持高度一致；做持续深入改进作风的排头兵，锤炼为民服务本领、踏实工作、勤谨为民，努力实现作风建设的常态化、规范化、长效化。第三，依规治党管党。制度确实是良好政治生态的重要保障和必要手段，但制度绝不能只写在纸上、悬在空中而没有真正落地。制度的生命力在于执行。有法不依、执法不严是对规则的最大伤害。各级领导干部要带头维护法规的严肃性和权威性，自觉肩负起依规治党管党的职责，切实把严的要求贯穿整个过程，真正做到靠制度管住权、事和人。各级领导干部还应该注意把制度安排与增强制度的执行力有机结合起来，以内容科学、配套完备和运行有效的党内法规调整党内关系、规范党内生活、约束党员行为、净化党内政治生态。

第二个方面，管好"绝大多数"。我们党是一支拥有9800多万党员的政党，党的健康有序发展不但需要"关键少数"，更需要"绝大多数"。如果说"关键少数"是枝干，那么"绝大多数"无疑就是绿叶。要让党成为中华民族坚强有力的执政党，不仅要用纪律抓好"关键少数"，更要用规矩来管好"绝大多数"。全体党员必须学深党的纪律、吃透政治规矩，学以践之、知行合一，成为党的建设中的健康助力，不断推动党的各项事业健康发展。

中央多次强调推动全面从严治党，要突出"关键少数"这个重点，不断向基层延伸，这既是实践经验的总结，又是对管党治党规律的把握。党员是党的肌体的细胞，只有细胞纯洁了，才会有肌体健康。"员"字前面就是"党"，每名党员都是党的"形象大使"。相对于"关键少数"，群众对身边党员这个"绝大多数"感受更为真切。如果对"绝大多数"疏于管理，那么其滋生的"微腐败"会损害广大群众的切身利益，"啃食"老百姓的获得感，挥霍基层群众对党的信任。在这个意义上说，每一名党员都应做政治生态的"净化颗粒"。唯其如此，才能让党内政治生态山清水秀、弊绝风清。

管好"绝大多数"需要多措并举、多管齐下。一是抓党员教育要从严。高度重视党建教育工作，把党员教育工作纳入党组织书记评价考核当中，坚持因地制宜，在教育的要求、时间、方法上避免"一刀切"。创新党员教育方式方法，变静态教育为动态教育，变灌输式的教育为形象教育，变单一的理论教育为整体素质教育，不断提升党员教育实效性。二是抓党员管理要从严。针对党员管理中新情况、新问题，创新基层党组织的设置，创新党员管理手段，因势利导建立健全党员管理机制，实现对各类党员的分类管理、弹性管理、科学管理、有效管理。明确新形势下不合格党员的标准，改进民主评议党员的方式方法，对评议认定为不合格的党员要严肃处置，做到认定一个、处置一个。三是抓党员监督要从严。扩大党内民主，通过开展批评与自我批评，增强党员贯彻执行党的路线方针政策、履行党员义务、行使党员权利的自觉性和主动性。拓展监督渠道，把党内监督和党外监督、专门机关监督和群众监督、自下而上监督和自上而下监督结合起来，加大监督力度，提高监督效能。畅通党内监督的渠道。通过召开支部会、党代表大会、党内重大决策征求党员意见、党内重大决策执行结果通报等形式，畅通发扬党内民主、强化党内监督的渠道。

第三个方面，把抓"关键少数"和管"绝大多数"统一起来。关于这一点，又需要重点抓好三个着力点：

其一，"两手抓"。全面从严治党也好，构建良好政治生态也好，既不能只看见"关键少数"而看不到"绝大多数"，又不能只看见"绝大多数"而看不到"关键少数"，必须按照唯物辩证法的原理，全面地看问题，而不能孤立地看问题。党的十八大以来，党中央深入推进全面从严治党，在反腐败工作上，下猛药、出重拳，党风廉政和反腐败工作取得明显成效，其中很重要的一点就是既打老虎，也拍苍蝇。

其二，"两手都要硬"。一方面，要深刻认识到净化党内政治生态、严肃党内政治生活，领导干部是关键要素，以上率下是管用办法。构建良好政治生态，必须从各级领导干部做起。党的十八大以来，习近平总书记反复强调加强中央政治局自身建设，坚持领导带头、以身作则，层层立标杆、作示范，充分表明以习近平同志为核心的党中央在从严管党治党上高度的政治清醒和政治勇气。中央八项规定，首先是针对中央政治局改进工作作风的八项规定。中央政治局带头开展党的群众路线教育实践活动，带头围绕落实八项规定进行对照检查，开展批评和自我批评。这种亲力亲为、以上率下的行动，这种踏石留印、抓铁有痕的决心，有效遏制了党内政治生态恶化的趋势，促进了党风、政风和社会风气逐步好转。另一方面，要切实管好"绝大多数"。这其中关键在于运用好监督执纪"四种形态"。要压实各级党组织的主体责任，及时发现党员干部存在的苗头性、倾向性问题，综合运用批评教育、组织处理、党纪轻处分等方式，把问题消灭在萌芽状态；对少数严重违纪的给予重处分，对触犯法律的，及时移送司法机关，达到震慑的目的。

其三，推动实现"两手"的相互转化和良性互动。"关键少数"和"绝大多数"不是割裂的，而是相互依存的，不是静止的，而是可以实现良性互动的，只有持续抓好"关键少数"和管"绝大多数"相统一，才能推进全面从严治党不断深入，构建起风清气正的政治生态。抓住领导干部这个关键少数，才能形成头雁效应，以无声的号召、强大的感召带动广大干部和群众上行下效、见贤思齐。而从某种意义上说，充分发挥"关键少数"的关键作用，目的就是要带动"绝大多数"，汇聚管党治党的强大力量。全面从严治党是"普遍性要求"，不仅强调"从严"，而且着眼"全面"。每一名党员都不是旁观者，也不仅仅是监督者，要进一步坚定理想信念，以一个合格党员的标准严格要求自己，时刻在群众中起到表率带头作用，使党中央的决策和部署在最大范围和最大限度上得到坚决贯彻落实。

总之，政治生态是一个庞大的系统，包含多个领域、环节，影响政治生态的因素也是多种多样的，这决定了政治生态建设不可能一蹴而就，绝非一朝一夕之功。要清醒认识到，新征程上，"四大考验""四种危险"仍将长期存在，各种弱化党的先进性、损害党的纯洁性的因素无时不有，各种侵蚀党的健康肌体的病毒无处不在，如果不严加防范，经常打扫政治灰尘，久而久之必将积重难返。全面从严治党永远在路上，建设风清气正的政治生态也永远在路上。必须将政治生态建设作为基础性、经常性工作，浚其源、涵其林，养正气、固根本，锲而不舍、持之以恒，为新征程上开创各项事业发展新局面、实现新的奋斗目标提供有力保障。

后　记

习近平总书记在党的二十大报告中指出，我们党作为世界上最大的马克思主义执政党，要始终赢得人民拥护、巩固长期执政地位，必须时刻保持解决大党独有难题的清醒和坚定。这也是党中央统筹中华民族伟大复兴战略全局和世界百年未有之大变局的必然要求。

何谓大党独有难题？大党独有难题是如何形成的？新时代解决大党独有难题的根本途径是什么？本团队围绕习近平总书记在二十届中央纪委二次全会提出的"六个如何始终"进行研究，在突出分析大党独有难题的形成原因、主要表现和破解之道的基础上撰写了本书，旨在为党员领导干部提供既有学理性又有通俗性的辅导读本。

本书为中央党校（国家行政学院）重点课题"中华民族伟大复兴战略全局和世界百年未有之大变局联动机理研究"成果之一，得到了国家一级教授、原中央党校校委委员、21世纪马克思主义研究会会长韩庆祥先生的支持，由中央党校科研部副主任陈远章教授设计提纲和统稿。多位专家参与研究和撰写，具体分工为：前言陈远章，第一章邓志强，第二章曹珍、戴虹波，第三章邓志强，第四章颜卫，第五章胡柳娟，第六章袁赛男。在撰写过程中，参考引用了相关资料和研究成果，在此，一并致谢！

圈于时间和水平，不足之处难免，恳请读者朋友批评指正。

作者

2023 年 10 月